Harant / Heitzmann • REICHRAMINGER HINTERGEBIRGE

Ausschnitt aus der Karte des Militärgeographischen Instituts in Wien, aufgenommen 1910/11.

Otto Harant / Wolfgang Heitzmann

Reichraminger Hintergebirge

Mit allen markierten Wanderwegen und Radrouten

ENNSTHALER VERLAG, A-4402 STEYR

Redaktionelle Mitarbeit: Renate Gabriel.
Blumenzeichnungen: Christine Harant

Weitere Illustrationen stammen von Alois Lindenbauer, Weyer,
und aus folgenden Werken:
Rolleder Anton: Heimatkunde von Steyr, Steyr 1894.
Mayer Gerald: Natur für alle, Linz. Zeichnungen entnommen
mit freundlicher Genehmigung des Autors.

6. vollständig überarbeitete und erweiterte Auflage 1999

ISBN 3 85068 171 8

Satz, Druck und Verlag: Ennsthaler, A-4402 Steyr
Umschlaggestaltung: bleifrei, A-4400 Steyr

Inhaltsverzeichnis

Zur Neuauflage dieses Buches

Seit dem 25. Juli 1997 ist das Reichraminger Hintergebirge Teil des Nationalparks Kalkalpen. Ein Schritt auf dem langen und mühsamen Weg dorthin war auch die Herausgabe dieses Buches. Als der inzwischen verstorbene Nobelpreisträger Konrad Lorenz das Vorwort für die erste Auflage verfasste, steuerte die Auseinandersetzung um das geplante Speicherkraftwerk gerade ihrem Höhepunkt entgegen.

Der Traum der „Hintergebirgler" ist in der Zwischenzeit wahr geworden. Gleichzeitig ging – und geht – die Zerstörung der Landschaft unvermindert weiter; man denke nur an den Bau der Pyhrnautobahn mitten durch die Teichlschlucht- direkt am Rand des Nationalparks. Die verbleibende naturbelassene Landschaft wird immer mehr zum Konsumartikel, zur käuflichen Gegenwelt des Arbeitsalltags, zum Spielplatz für „fun & action". Die Worte des großen Mahners haben leider mehr Berechtigung denn je, und aus diesem Grund möchten wir sie auch der aktualisierten Ausgabe des Hintergebirge-Buches voranstellen.

Die Autoren

Naturschutz ist eine Aufgabe, die immer dringlicher wird, je mehr die Menschheit in blindem Glauben an den sogenannten Fortschritt die komplizierten Wirkungsgefüge der lebendigen Natur zerstört, in der und von der sie lebt. Gewiss ist es zur Erfüllung dieser Aufgaben auch wichtig, die Lebensräume, die vom Menschen bewohnt und von seiner Wirtschaft, vor allem dem Ackerbau, ausgenützt werden, möglichst rücksichtsvoll zu behandeln. Es ist kein romantischer, oder wie das Modewort lautet, „nostalgischer" Aberglaube, wenn man bei dieser Rücksichtnahme auch Tiere und Pflanzen in Betracht zieht, die scheinbar für die menschliche Wirtschaft bedeutungslos sind, wie etwa Frösche und Kröten. Das Wirkungsgefüge eines Lebensraumes, ein sogenanntes Ökosystem, ist umso stabiler, je größer die Zahl der Arten ist, die in ihm zusammenwirken.

Dieses Zusammenwirken ist nichts Übernatürliches. Es ist durchaus wissenschaftlich erforschbar und man kann sogar in verwüsteten Lokalitäten künstliche Ökosysteme ins Leben rufen, was Otto Koenig „Natur aus zweiter Hand“ genannt hat. In den Staustufen des Inns oberhalb von Passau und in sehr vielen Kiesgruben sind in dieser Weise schöne „Natur“-landschaften entstanden.

Am allerwichtigsten aber, und die unabdingbare Voraussetzung für das Weiterbestehen von ursprünglichen Lebensgemeinschaften, ist die Erhaltung primärer, natürlich entstandener und nicht vom Menschen konstruierter Ökosysteme. Woher sollen denn die Tier- und Pflanzenarten kommen, die in Menschennähe und unter den Bedingungen menschlicher Kultur weiterleben sollen, wenn nicht aus naturbelassenen Lebensräumen? Dabei ist in dieser Betrachtung zunächst davon abzusehen, daß unzerstörte Lebensgemeinschaften als „Grüne Lunge“ vor allem in der Nähe von Städten und von größeren Industriegebieten schon aus gesundheitlichen Gründen gefordert werden müssen.

Etwas beinah noch Wichtigeres wurde bisher nicht erwähnt: Die Schönheit naturbelassener Landschaften ist ein Erziehungsmittel, das in der von technischem Denken und kommerziellem Materialismus angekränkelten westlichen Zivilisation immer mehr an Bedeutung gewinnt. Es ist eine dringende Aufgabe der Seelsorge, Kinder und junge Leute mit den Schönheiten der natürlichen Harmonie in Berührung zu bringen. Der Naturforscher und der Gläubige sind hier einer Meinung.

Alle diese Erwägungen liefern schwerwiegende Gründe, weshalb das Reichraminger Hintergebirge, das zwischen Ennstal und Sengsengebirge gelegen ist, dringend eines besonderen Schutzes bedarf. Es ist im allerhöchsten Grade verdienstvoll, dass die Autoren des vorliegenden Buches die Schönheit und Bedeutung dieses Gebietes einem breiten Publikum zugänglich machen und in diesem Sinne wünsche ich diesem Buch den größten nur denkbaren Erfolg.

Univ.Prof. DDr. Konrad Lorenz

Folgende Personen und Organisationen haben sich um die Rettung des Hintergebirges in besonderer Weise verdient gemacht. Sie haben damit direkt Anteil an der Errichtung des Nationalparks und dafür möchten wir ihnen danken:

Aktionsgemeinschaft Hintergebirge – Alternative Liste Österreichs – Arbeitskreis Ökologie des Sozialreferates im Pastoralamt der Diözese Linz – Basisgruppe „Schützt das Hintergebirge" – BI Oberes Kremstal – CIPRA (Internat. Kommission zum Schutz der Alpen) – Evangelisches Jugendwerk Diözese Oberösterreich – Greenpeace – Freiheitliche Partei Oberösterreich – JG der SPÖ Urfahr-West – Katholische Arbeiterjugend Linz – Katholische Jugend Linz Linz – Landesbienenzüchterverein OÖ. – Landesjagdverband Oberösterreich – Landesverein für Höhlenkunde OÖ. – Österreichischer Alpenschutzverband Dornbirn – Eisenwurzen-Verein – Junge ÖVP Oberösterreich – Österreichische Gesellschaft für Vogelkunde – Österreichischer Alpenverein – Österreichischer Naturschutzbund – Österreichische Naturschutzjugend – Global 2000 – Österreichischer Wandervogel, Landesverband OÖ. – Österreichische Wasserschutzwacht, Landesleitung OÖ. – Schutzgemeinschaft Alpen, München – Verband Österreichischer Höhlenforscher – Verband österreichischer Wildgehege – Vereinte Grüne Österreichs – Konrad Lorenz Volksbegehren – Weltbund zum Schutz des Lebens – World Wildlife Found und viele engagierte Einzelpersonen, die Geld und Material spendeten, unser Anliegen in ganz Österreich und im Ausland vertraten – oder einige Naturschützer vor Gericht verteidigen.

Als Autoren möchten wir natürlich besonders jenen Damen und Herren danken, die uns beim Verfassen dieses Buches mit Rat und vor allem Tat unterstützt haben:

Die Alpenvereinssektionen Großraming (Ennstal) und Steyr, die Weidegenossenschaft Großraming, Frau Rosa Stöllnberger, Mundartdichterin in Unterlaussa, Frau Christine Harant, Steyr; den Herren Leopold Aspalter, Großraming, Oskar Buchta +, Sierninghofen; Heinz Gutbrunner, Steyr; Kurt Hochleitner, Stadelkirchen; Helmut Hofer, Großraming; Alois Lindenbauer, Weyer; Silvester Ahrer, Reichraming; Fritz Klein, Großraming; NABg. Kurt Gartlehner, Großraming; Dr. Gerald Mayer, Linz; Univ. Prof. Dr. Robert Krisai, Braunau; Ing. Hans Pichler, Steyr; Florian Pitzl, Steyr; Manfred Zierer, Steyr; Hubert Walter, Hall bei Admont; Gerald Rettenegger, Reichraming; Fritz Schamberger, Steyr; Mag. Herbert Heimel, Garsten; Michael Wartecker, Großraming; Hugo Tannwalder, Rosenau am Hengstpass; Schulrat Rudolf Kusché, Windischgarsten; Ferdinand Kohlmayr, Windischgarsten; Hans Pilz, Linz; Hans Riegler, Kleinreifling; Ludwig Pullirsch, Steyr; Hubert Schellnast, Leonstein; Heiner Thaler, Steyr und allen anderen, die mit Hinweisen und Kritik zur Bereicherung des Buches beigetragen haben. Für seine großzügige Unterstützung von Anfang an sind wir besonders dem Präsidenten des Österreichischen Naturschutzbundes, Herrn Prof. Dr. Eberhard Stüber, und dem früheren Bundesgeschäftsführer des ÖNB, Herrn Dr. Winfried Herbst, Salzburg, in Dankbarkeit verbunden.

Besonders bedanken möchten wir uns bei Herrn Michael Wartecker, Reichraming, der uns aus seiner umfangreichen Fotosammlung zahlreiche einmalige Bilddokumenten aus der Zeit zwischen 1920 und 1970 reproduzieren ließ.

Das Reichraminger Hintergebirge und seine Umgebung

O Hoamat, Hoamat, voll Frucht und Bloamat,
Voll Bründl und Bachal, voll Hölzer und Schacherl,
Sei mein, sei mein in Leid und Freud,
Wiar i bin dein - in Ewigkeit.

Franz Stelzhamer

In der südöstlichen Ecke Oberösterreichs, zwischen dem mittleren Ennstal, dem Hengstpass und dem Sengsengebirge, versteckt sich eine in jeder Hinsicht merkwürdige Landschaft: das Reichraminger Hintergebirge.

Seltsam schon der Name: „Hintergebirge" Tatstächlich liegen die höchsten Erhebungen dieses Labyrinthes von Waldmugeln, Gräben, Felswänden und Schluchten kilometerweit südlich des „Eingangstores" Reichraming, also weit hinter den sonnigen Höhen des Ennstales. Es bildet den größten geschlossenen und darüber hinaus fast völlig unbesiedelten Waldbereich der Nördlichen Kalkalpen. Im allgemeinen versteht man unter dem Hintergebirge das gut 180 km^2 große Einzugsgebiet des Reichramingbaches (im Oberlauf auch Großer Bach genannt), des größten Bachsystems Oberösterreichs. Darüber hinaus rechnet man aber meist auch die zergliederte Südabdachung gegen den Hengstpass sowie den Dürrensteigkamm vom Almkogel bis zur Bodenwies dazu.

Den größten Reiz machen im Hintergebirge sicher die zahlreichen Schluchten und Gräben aus, die sich die Bäche in jahrtausendelanger Arbeit in das sehr unterschiedliche Gestein (in erster Linie Wetterstein- und Opponitzer- Kalk im Süden, Dolomite und im Norden überraschenderweise auch weiträumige Flyschgebiete) frästen. Ein oberflächlicher Blick auf die Karte mag das Hintergebirge vielleicht auf Grund der relativ geringen Gipfelhöhen als „sanfte" Gegend erscheinen lassen, doch dies wäre ein fataler Irrtum: Die zahlreichen verwinkelten Gräben zerteilen die grüne Wildnis in ein äußerst unwegsames Gebirge, in dem sich schon so mancher gründlich verirrt hat!

Über diesem Wirrwarr ragen, oft frei in die Höhe stehend, die bedeutendsten Gipfel empor: der Schneeberg (1244 m) und der Fahrenberg (1253 m) als „Torwächter" im Norden über Reichraming, Hochkogel (1157 m), Alpstein (1443 m) und Trämpl (1424 m) im mittleren Abschnitt, Großer Almkogel (1513 m), Langlackenmauer (1492 m) und Bodenwies (1543 m) im Osten, im Süden schließen die „Könige" des Hintergebirges: Wasserklotz (1504 m), Schwarzkogel (1554 m), die wildzerklüftete Kampermauer (1394 m) hoch über dem Laussatal, der Langfirst (1469 m) mit all seinen schroffen nördlichen Vorbauten und vor allem der alles überragende, doppelgipfelige Größtenberg (1724 m), der aussichtsreiche Kulminationspunkt des Hintergebirges. Ebenso wie die fast unzähligen dazwischen aufragenden und nicht weniger interessanten Gipfel sind sie bis auf wenige Ausnahmen nicht markiert, sondern müssen auf kargen Steigspuren oder zumindest überhaupt weglos „erkämpft" werden.

An einigen geschützten Stellen finden wir heute noch bestoßene Almen, auf die das Vieh aufgetrieben wird; einige Betriebe werden im Sommer noch voll bewirtschaftet. Noch sind es keine Almrestaurants, sondern die höchstgelegenen „Filialen" der Windischgarstner, der Enns- und Laussataler Bauern.

Auch Bergbau wurde im Hintergebirge betrieben, wobei vor allem die Bauxitvorkommen im Bereich der Blabergalm genannt werden müssen. Der bedeutendste wirtschaftliche Faktor im Hintergebirge blieb aber bis heute die forstliche Nutzung - von der Holztrift über die während der Zwischenkriegszeit angelegte „legendäre" Waldbahn bis zum heutigen, durch ein 380 Kilometer umfassendes Netz von teilweise sehr brutal gebauten Forststraße ermöglichten rationellen Forstbetrieb. Letzterer blieb aber bis heute auch der einzige zerstörende menschliche Eingriff in das Gebiet, so dass man das Hintergebirge guten Gewissens als letztes großes und geschlossenes Naturrückzugsgebiet des Landes bezeichnen kann.

Touristisch stand das Hintergebirge seit jeher im Schatten seiner höheren und alpineren Umgebung. Immerhin bieten drei gut bewirtschaftete Almen Unterkunft und Stärkung, und seit 1985 sind die wichtigsten Wege und Steige im nördlichen und zentralen Bereich saniert und gut bezeichnet. Die Zahl der Hintergebirgs-Wanderer, Radfahrer und Badegäste ist kräftig angestiegen - überlaufen ist das Gebiet aber dennoch nirgends, jeder findet „sein" Eckerl, in dem er ungestört sein kann.

Wasser-Wunder

Wasser in all seinen Formen: der Reichramingbach. Auf der vorhergehenden Seite wagt sich ein Wildwasserfahrer durch die Große Klause, oben ein „Wasser-Wanderer“ durch die Große Schlucht. Rechts oben der Reichramingbach beim Anzenbachschranken, rechts unten eine Schlenke im Stummerreutmoor oberhalb von Rosenau am Hengstpass.

Dem Großer

Augenblicke am Wasser: die berühmte Engstelle der Großen Klause und ein kaum zugänglicher Wasserfall des Hochschlachtbaches (oben), Abkühlung und Alpinpflanzen („Jagabluat" = Primula clusiana) am Triftsteig in der Großen Schlucht (rechts).

Bach entlang

König Wald

Im Hintergebirge regiert der Wald. Rechts eine einsame Föhre auf dem Hochschlacht-Grat vor der Kulisse des Größtenberges.

Frühling -

Frühlings-Erwachen: Blütenpracht in Brunnbach (oben), rechts eine versteckte Schlucht und Blumenzauber auf der Wiese (Rotes Kohlröserl).

neues Leben erwacht

Sommer –

Sommer-Erlebnisse: in der Großen Schlucht und am Hochschlachtbach (oben) und auf der Schaumbergalm (rechts).

Wasser & Wärme

Farbiger Herbst

Herbst-Impressionen: Die Lärchen „brennen" auf der Groißnalm (oben), während rechts das Buchenlaub eine Farbensinfonie in die Große Schlucht zaubert (Blick von der ehemaligen Annerlam).

Winter –

Winter-Ausklang: die Groißn gegen den Scheiblingstein in den Haller Mauern und die Große Klause (oben). Rechts der Ebenforst, vom Trämpl aus gesehen (oben) und der Wasserklotz-Gipfel (unten). Umseitig: ein Sonnenaufgang über dem Größtenberg (fotografiert von der Hohen Nock) und abendliches Mountainbiking am Wurbauerkogel.

die Welt in Weiß

Sonnen-Spiele

Der 1986 zumindest fürs Wochenende „freigestrittene“ Hintergebirgs-Radweg, der über weite Strecken der einstigen Waldbahntrasse folgt, hat sich in den letzten Jahren zu einem vielgenutzten Radklassiker entwickelt. Dazu wurden nun einige weitere Mountainbikerouten freigegeben und markiert, so dass sich inzwischen ein attraktives Bikenetz anbietet. 1987 entstand auch der einzigartige Klettersteig durch die Große Schlucht: Unter der Leitung des bekannten Alpinisten Klaus Hoi wurde der historische Triftsteig mit 2,5 km Stahlseil und unzähligen Eisenklammern wieder begehbar gemacht. Den Wanderern stehen dazu noch fast 100 Kilometer sanierter und bezeichneter Wanderwege zur Verfügung: Das Hintergebirge ist „wanderbar“ geworden, durch den entschlossenen und konsequenten Einsatz von Menschen, die nicht nur Versprechungen machten, sondern diese auch mit eigenen Händen einlösten.

Was Orts- und Flurnamen verraten

Einfach wie die Menschen, die der Landschaft und der Natur durch die Jahrhunderte ihr kärgliches Brot abrangen, sind auch die Namen, die der Landschaft gegeben und zum Orientierungssystem in der Wildnis wurden: Das größte Gewässer heißt schlicht und einfach „Großer Bach", der höchste Gipfel „Größtenberg", wobei wir hier einen großen und kurioserweise auch einen „Kleinen Größtenberg" finden (die Schreibweise „Krestenberg", die in alten Karten zu finden ist, geht auf eine Verballhornung durch die berüchtigten k.u.k. Kartografen zurück). Vom Schneeberg leuchtet die weiße Pracht noch im Frühjahr ins Ennstal hinaus. Nach dem hellen Kalkschotter benannt wurde der Weißenbach; der Schwarze (weil in einem dunklen, engen Tal fließende) Bach entwässert jedoch die Talschaft „Weißwasser".

Einige Orts- und Flurnamen gehen auf die Alpenslawen zurück, die nach dem Abzug der Römer und bis zur Einwanderung der Baiern die Kultur unserer Region prägten: Der Laussabach kommt etwa von ihrem Wort „Luza", was auf eine feuchte Gegend oder einen Sumpf hinweist. Slawisch sind auch die Ortsnamen Groß- und Reichraming, die auf „Ryba" = „Fisch" in Zusammenhang mit der Endung „ika" zurückgehen. So hieß Großraming um das Jahr 1110 noch „Rubinicca" – man kann sich hier also wohl einen Fischbach vorstellen. Auch Muttling oberhalb von Rosenau am Hengstpass hatte für die Slawen mit dem wasser zu tun („motunu" = „trübes Wasser").

Doch zurück zu den häufigeren und jüngeren bairischen Namen: Speziellen Bewuchs versprechen das Ahorntal am Größtenberg, das Kieneck (Kien = Föhre), das Eibeck, der Ahornsattel unter dem Wasserklotz, Föhrenbach, Bodenwies, oder z. B. der Wieser. Der Schwarzkogel zeichnet sich durch dunklen Waldbewuchs aus – sein Vorgipfel wird sogar „Tannschwärze" genannt. Langeck, Ebenforst, Breitenberg, Langfirst und die nicht weniger als drei Hochkogel, die es im Hintergebirge gibt, weisen eher auf ihre landschaftlich-morphologischen Gegebenheiten hin. Der Gugler erinnerte die Einheimischen an eine „Kapuze" (mhd.). Schroff hoch drei – das ist die Kampermauer über dem Hengstpass tatsächlich –

„Sprechende“ Namen

Eine „Holzknechtpass“ beim Rindenschlag auf der Waldhochfläche „Roterd“ zwischen Brunnbach und dem Reichramingbach (1916). In wärmeren Zeiten ist das Kalkgestein zu rotem Tonboden (Terra rossa) verwittert.

Weitere „sprechende“ Namen: **links**, die in schwindelnder Höhe über der Großen Schlucht angelegte „Hohe Stiege“ (ein Verbindungssteig der Holzknechte) und **rechts** die „Gross Glaus“ (Große Klause), die größte Triftsperre im Hintergebirge. Umseitig die Ebenforstalm (die in einem flachen Waldgebiet liegt) und der unübersehbare „größte Berg“, von der Anlaufalm gesehen.

Ebenforsteralpe. O.Ö.

weist die „Mauer“ schon auf wildes Gewänd hin, so verstärkt dies der Begriff „Kamp“ (Kamm) nochmals.

Beweise für den zoologischen Reichtum vergangener Zeiten liefern Namen wie Wolfskopf, Kitzplan, Luchsboden, Zöbel, Hirschkogel, Rabenmauer, Geiernesthütte, Falkenmauer, Kitzkogel, oder gleich drei Gamssteine. Auf lästige Insekten läßt die Fliegenlucken schließen; woher aber das Katzenhirn (ein Vorgipfel des Almkogels) seinen Namen hat, bleibt im Ungewissen. Nur der Ameisgraben hat nichts mit der fleißigen Waldpolizei zu tun: Unter „meis“ versteht man einen schlagbaren Holzbestand. In den Hetzgraben, eine der tiefsten Schluchten des Hintergebirges, wurde vermutlich bei der Jagd das Wild gescheucht und dort gestellt; möglicherweise haben auch der Hundskogel und das Hundseck etwas mit dem „Gejaid“ zu tun.

Auf die wirtschaftliche Nutzung ihrer Umgebung deuten wiederum Almkogel, Almstein (Alpstein), das Halterhüttental am Größtenberg, der Kühboden, der Scheiterkogel, die Bretterries oder der Blaberg (vermutlich von einen Blahhaus zum Erzschmelzen). Holzkohlenmeiler schwelten u.a. auf der Kohlstatt, im Kohlersgraben und wohl auch beim Rauchgrabner. An die mittelalterliche Rodung von Alm- und Siedlungsflächen erinnern die Brennhöhe und die Brandlucke, aber auch die vielen Örtlichkeiten mit „Reit“ (auch „Reuth“ o.ä.) oder „Schwend“ (auch „Gschwendt“ o.ä.): Beide Begriffe deuten auf das Niederbrennen des Waldes hin. Die Almplätze erhielten meist einfach den Namen des Heimathofes - so etwa die Annerlalm, die Weingartalm, die Schildbauernalm oder die Weißensteineralm.

Selbst Wortspielereien ließen sich im Hintergebirge anstellen, wenn etwa hinter dem Reixengraben der Keixengraben liegt (ob hier das mittelhochdeutsche „geheige“ = „gehegter Wald“ dahintersteckt?). Einigermaßen merkwürdig klingen auch Namen wie Zorngraben, Groißn oder Leerensackriedel. Besonders seltsame Bezeichnungen finden sich gehäuft um das Saigerintal: Trompetenmauer, Königin, Quenkogel und der wohl kürzeste Bergnamen der Alpen: Astein („ouwe“ = mittelhochdeutsch „Mutterschaf“). Einfach zu deuten oder geheimnisvoll im Dunkel längst vergessener Dialekte verborgen -, immer erzählen die Lokalnamen von der Geschichte des jeweiligen Ortes, immer sind sie eine Aufforderung zur Erforschung nicht nur der Gegend selbst, sondern auch ihrer Bedeutung.

Der schwer gefährdete Eisvogel findet an den Bächen des Hintergebirges noch eine intakte Heimat. *Foto: Helmut Pum, Steyr*

Der Schwarzstorch – hier bei der Futtersuche – zieht seine Kreise bis weit ins untere Ennstal hinaus. *Foto: Helmut Pum, Steyr*

Kleine Betrachtung der Tierwelt im Allgemeinen und im Hintergebirge im Besonderen

Im Hintergebirge ist der Bär los! Zumindest sporadisch und auf der Durchreise, aber immerhin! Der berüchtigte „Nurmi“, ein wegen seiner Bienenstockvorliebe 1995 in die Schlagzeilen gekommener Petz hat bei seinem Besuch auf der Mooshöhe dem Kaninchenstall einer dort lebenden Familie einige Bewohner entrissen und den Menschen einen gehörigen Schrecken eingejagt. Inzwischen wurde Nurmi aus dem Verkehr gezogen und die Bärenfurcht hat sich gelegt, trotzdem immer wieder solche Tiere im Hintergebirge beobachtet werden. Obwohl im Film der Fernsehreihe „Universum“ gezeigt, macht noch kein Luchs Jagd auf Wild und es ist auch – zumindest nach dem Stand der Informationen 1999 – nicht geplant, Luchse und andere einst ausgerottete Tiere wieder einzubürgern. Man begnügt sich mit der Bestandssicherung des jetzt dort lebenden Wildes und seine Vereinbarkeit mit dem aufkommenden Mischwald.

Große Tiere wie Bär, Hirsch, Gemse, Wildschwein, Adler oder Auerhahn sind sehr stark in unserem Bewusstsein verankert, wenn man von der Fauna einer Landschaft spricht. Die Tiere aber, die zahlenmäßig und auch bedeutungsmäßig allen anderen Arten überlegen sind, werden wenig beachtet und darum auch nicht erwähnt. Gemeint sind die Völker der Insekten, der Spinnen und Milben, der Würmer, der Schlangen oder der Kleinsäugetiere. Horst Stern erwähnt, daß auf einem Quadratmeter Waldboden 50 bis 150 Spinnen leben. Das wären auf einem Hektar allein eine halbe Million Spinnen, andere Kleintiere noch nicht eingerechnet. Wenn man bedenkt, wovon diese Tiere leben und dass auch sie wieder anderen Jägern als Beute dienen, so kann man ihre Bedeutung im Haushalt der Natur ermessen.

Wir möchten unsere Betrachtung einmal in dieser Reihenfolge beginnen, um dadurch die Bedeutung der Kleinlebewesen hervorzuheben, an denen wir nur allzuoft vorbeigehen.

Wer nach einer ausgiebigen Wanderung rastet, hat Zeit, sich im Berggras umzusehen und bemerkt bald, daß er einen Blick in eine Welt tut, die nicht so friedlich ist, wie sie auf den ersten Blick aussieht. Da zerrt ein wendiger Kurzflügelkäfer mit unbarmherziger Gewalt eine Schnecke aus ihrem Haus, reißt ihr mit seinen Zangen Stücke aus dem Leib, dort lauert eine Jagdspinne auf ein Opfer, die Heerschar der Ameisen zieht daneben eine Straße und ein Tausendfüßler windet sich durch die Steinlandschaft. Eine Stufe höher, auf den Blüten und Pflanzen suchen Insekten aller Art nach Nahrung. Schmetterlinge saugen mit ihren langen Rüsseln Nektar. Im Hintergebirge lebt noch eine Reihe von Insekten, die anderswo schon selten oder ausgestorben sind, so z.B. der „Augsburger Bär" oder der Nagelfleck, einer der größten heimischen Schmetterlinge. Auch der Apollofalter kann noch beobachtet werden, besonders an den Felshängen der Hochschlacht oder am Größtenberg.

Hier zeigt sich deutlich die Problematik unserer Naturschutzauffassung. Wer die Reihe der in Oberösterreich geschützten Pflanzen kennt, der weiß, dass man hier alle schönen und gefährdeten Blumenarten unter Schutz gestellt hat. Aber wer weiß denn, ob diesen schönen Pflanzen auch im Kreislauf der Natur die Bedeutung zukommt, die man ihnen zumisst? Oft spielen unscheinbare Kräutlein ökologisch eine viel größere Rolle als die schönsten Alpenblumen. Oberflächlich betrachtet hat man sicher eher Verständnis für den Schutz des schönen und seltenen Apollofalters als für die oft unscheinbaren Sedum-Arten (Fetthenne), jene Pflanzen, von denen sich die Raupen des Falters ernähren. Ein gutes Beispiel für eigentlich zu kurz greifende Schutzmaßnahmen, die sich durch das ganze Naturschutzgesetz ziehen.

Apollofalter

Wer Glück hat, kann im Hintergebirge auch den Blauen Bockkäfer bewundern, der seine Existenz dem Vorhandensein von verfaultem Holz verdankt. Er ist sicher eines der schönsten und interessantesten Insekten, die in unserem Raum vorkommen.

Am Annerlsteg fanden wir einmal im Frühjahr eine tote Gemse - abgestürzt wahrscheinlich und durch Erfrieren verendet. Mit einem Stock drehten wir den schon stinkenden Kadaver um und bemerkten eine Unzahl von orange-schwarz gebänderten Käfern, die sich an dem Aas zu schaffen machte. Der „Totengräber" hilft kräftig mit, das biologische Gleichgewicht zu erhalten.

Kinder sind oft von Tümpeln oder Radspuren, die mit Wasser gefüllt sind, nicht wegzubringen, weil es eine Fülle von Leben gibt, das hier zu beobachten ist. Der Bergmolch, im Mai mit besonders schönen Farben ausgestattet, erregt ihre Neugier ganz besonders, aber auch die Gelbbauchunke ist nett anzusehen, besonders wenn man sie umdreht und ihre schwarz-gelbe Warnfarbe betrachtet.

Ein lieber Geselle ist der schwarze Bergsalamander, der besonders bei Regen unter den Steinen hervorkommt und dann in Massen zu finden ist.

Bergsalamander

Bei Wanderungen entlang eines der zahlreichen glasklaren Bäche erfreuen einen immer wieder die vielen Bachforellen, die rasch unter Steinen Zuflucht suchen, wenn der Schatten des Beobachters auf den Wasserspiegel fällt. Bei gewittrigem und heißem Sommerwetter blitzen ihre silbrigen Leiber in der Sonne auf, wenn sie mit raschen Sprüngen aus dem Wasser schnellen, um Insekten zu erbeuten. In den seichteren Bachteilen oder an den Flußrändern halten sich die Jungfische auf, oft zur Freude der Koppen, die unter Steinen hervorschießen und die Jungforellen mit einem Biss verschlingen. Aber nicht nur Koppen haben Freude an den Jungfischen: Ein stahlblau gefärbter Vogel mit spitzem Schnabel hockt auf einem über das Wasser ragenden Ast, stößt plötzlich ins Nass und taucht mit einem zappelnden Fisch im Schnabel wieder auf. Es ist der Eisvogel, der an den Hintergebirgsbächen noch häufig anzutreffen ist. In lehmigen Uferwänden legt er sein Nest an und zieht dort seine Brut heran.

Aufmerksam beobachtet ein anderer Vogel den Wanderer, hüpft von Stein zu Stein, wippt mit dem Schwanz und ist plötzlich unter einer kleinen Stromschnelle verschwunden: Die Wasseramsel unterscheidet sich von ihren uns allen bekannten Verwandten durch einen weißen Halsring und ihre dem Bach angepasste Lebensweise. Als einziger Singvogel ist sie schwimm- und tauchfähig, besitzt eine Fettdrüse, mit der sie ihr Gefieder wasserdicht macht und kann Nasen- und Ohröffnungen durch Hautfalten verschließen. So macht es ihr nichts aus, selbst im Winter in die eis-

Bild rechts: Ein Schwarzspecht bei der Fütterung seiner Jungen. Für diese außergewöhnliche Aufnahme benötigte unser Fotograf Helmut Pum ganze vier Monate Vorbereitung.

kalten Fluten zu tauchen und mitten durch gischtende Stromschnellen zu laufen. Besonders interessant ist es, ihr Jagdverhalten zu beobachten: Sie läuft auf Steinen mitten im Bach, läuft auch weiter, wenn das Wasser schon über ihrem Kopf zusammenschlägt, taucht dann wie ein Korken wieder auf und stürzt sich auch in die tollsten Wasserwirbel.

Ihr Nest legt die Wasseramsel hinter Stromschnellen und kleinen Wasserläufen an und sichert die Brut vor allzu gefräßigen Nachbarn. Die einzige Gefahr könnte ihr von der Ringelnatter drohen, die sich aber nicht für die gefiederten Taucher interessiert, ihr sind Kröten und Frösche lieber. Auf ihren Beutezügen gleitet sie elegant durchs Wasser, den Kopf erhoben, so dass man ihre gelben Hinterkopfschilde deutlich sehen kann. Wehe dem Frosch, der Kröte oder dem Fisch, der sie nicht rechtzeitig bemerkt. Ihm droht ein grausames Ende: Mit dem Kopf voran wird er verschlungen und lange dauert es, bis ihn der Tod erlöst.

Wasseramsel

Daneben habe ich noch drei weitere Schlangenarten beobachten können, am häufigsten die Kreuzotter in allen Farbvariationen, von ganz schwarz bis braun mit dem deutlichen Zick-Zack-Band. Sie besitzt eine Fähigkeit, die anderen Lebewesen fehlt: Sie kann sich den Zeitpunkt der Geburt ihrer Jungen aussuchen. Normalerweise verlassen ihre Jungen im Herbst den mütterlichen Körper (sie legt keine Eier, sondern bringt ihre Jungen lebend zur Welt). Ist der Herbst aber sehr kalt, verschiebt sie die Geburt einfach auf das Frühjahr. Eine bemerkenswerte Anpassung an das rauhe Gebirgsklima!

Dieser Schlange ist, besonders im weglosen Gelände oder in den Latschen, schon einige Aufmerksamkeit zu widmen. Ein Schlangenbiß in der Einsamkeit des Hintergebirges hätte - besonders für Kinder - sicher unangenehme oder gar schlimme Folgen. In der Regel weichen die Tiere aber aus und fliehen schon, bevor man sich ihnen überhaupt nähert. Alle anderen Schlangenarten hier sind ungiftig, so z. B. die Äskulapnatter, deren größtes bisher von mir beobachtetes Exemplar in Anzenbach meinen Weg kreuzte. Ich schätzte ihre Länge auf gute 180 Zentimeter. Leider floh sie sofort ins Gras, von wo ich sie trotz aller Bemühungen nicht mehr herausbrachte, um sie den Kindern zu zeigen.

Bild rechts: Morgentau im Radnetz einer Kreuzspinne

Seine helle Freude mit der fels- und schluchtenreichen Gegend hat der Mauerläufer, ein kleiner Vogel, der emsig die Felswände nach Insekten und Spinnen absucht. Seine roten Flügelbinden machen ihn schon von weitem sichtbar und lassen uns sofort zum Fernglas greifen, um ihn bei seiner Tätigkeit zu beobachten: Schnell läuft er eine Wand hinauf, fliegt wieder ein Stück herunter und wiederholt das Spiel immer wieder. Er kann nämlich nur aufwärts an einer, wenn auch glatten Felswand laufen, nicht aber abwärts, daher dieses ständige Wechseln von Fliegen und Laufen.

Mauerläufer

Mehr Freude mit dem Wald als mit den steilen Schluchtwänden hat der Birkhahn, der nur deshalb noch häufig im Hintergebirge anzutreffen ist, weil er hier wirklich ungestört leben kann. Zuallererst nämlich trifft ein Eingriff in das Gefüge der Natur die scheuen Hühnervögel, und der Balzgesang von Auerhahn und Birkhahn wird nur so lange noch zu hören sein, wie ein Massentourismus mit Kofferradios und Lärm das Gebiet verschont.

Höhere Regionen bevorzugt der größte Singvogel unserer Heimat, der Kolkrabe. Weithin ist sein knarrendes Krächzen zu hören und bewundernswert sind die Flugkünste dieses schwarzen Riesenvogels. Es scheint den Raben Spaß zu machen, einander im Flug zu jagen, pfeilschnell dahinzusegeln und die kühnsten Manöver auszuführen. Ein Schwarm fliegender Kolkraben verursacht ein Fluggeräusch, das durchaus mit dem eines tieffliegenden Segelflugzeuges verglichen werden kann.

Kolkrabe

An Flugtüchtigkeit ist der Kolkrabe unübertroffen, nicht aber in der Geschwindigkeit. Da ist ihm der Wanderfalke überlegen. Ja, auch den Wanderfalken gibt es noch im Hintergebirge. Ein kleines Wunder, steht doch diese Greifvogelart auf der Roten Liste der aussterbenden Tiere. Die Ursache für die Gefährdung dieser Tierart ist auf ein Zusammenwirken vieler naturfeindlicher Komponenten unserer Zeit zurückzuführen: Abschuss wegen vermeintlicher Schädlichkeit, ständige Störung der Tiere beim Brutgeschäft, Ausnehmen der Nesteier zum Zweck der Falknerei und nicht zuletzt auf die tödliche Wirksamkeit von Insektenvernichtungsmitteln, die oft schon die Jungen in den Eiern schädigen.

Fast so selten anzutreffen wie der Wanderfalke ist sein größerer Verwandter, der Steinadler. Auch er hat im Hintergebirge sein Jagdrevier und es ist schon ein Glück für den Wanderer, wenn er diesen schönen Greifvogel beobachten kann. Lautlos streicht er über die Latschenfelder des Größtenberges auf der Suche nach einem Schneehuhn oder auch einer Maus oder er zieht sein Kreise hoch in den Lüften, durch seine Größe mit keinem anderen Vogel verwechselbar.

Steinadler

Oder doch? Da segelt ein großer schwarzer Vogel über den Wipfeln, zwar breit wie ein Adler, aber wesentlich schlanker und mit einem langen Schnabel ausgestattet. Langsam lässt er sich auf einem Ast nieder und ist nun mit dem Fernglas genauer zu sehen: Ein Schwarzstorch kreuzte unseren Blick, der sich nun nicht mehr von dem seltsamen Vogel wenden will. Von Größe und Gestalt wie sein bekannter Verwandter vom Neusiedlersee, aber wesentlich dunkler in seinem Gefieder. Er braucht zwar auch das Wasser, um dort nach Insekten, Amphibien und Fischen zu jagen, bevorzugt aber waldreiche Mittelgebirge mit sauberen Bächen und Waldtümpeln. Hier ist das Hintergebirge eine ideale Heimat für den scheuen Storch, der außerdem auch die Einsamkeit liebt und den lärmenden Menschen nicht so sehr schätzt.

Dieser kleine Streifzug durch die Tierwelt des Hintergebirges sollte zeigen, dass hier am Rande der Zivilisation ein Gebiet unschätzbaren Wertes vorhanden ist, das heute langsam in seiner wahren Bedeutung erkannt wird. Tiere, die andernorts schon sehr selten sind oder vielleicht gar nicht mehr existieren, sind im Hintergebirge noch relativ häufig anzutreffen.

Eine große Hoffnung für das Weiterleben von gefährdeten Tier- und Pflanzenarten ist die Schaffung des Nationalparks, der zwar nicht die schädlichen Einflüsse von außen verhindern, wohl aber durch gezielte Maßnahmen Möglichkeiten zum Überleben schaffen kann.

Begegnung mit seltenen Pflanzen

Das Pflanzenjahr im Hintergebirge beginnt mit der intensiven Blüte der Schneerose, die besonders in den noch vorhandenen Mischwaldresten den braunen Boden mit weißen Blüten bedeckt. Kurz darauf erfreut ein Massenblühen des Leberblümchens den Wanderer, den sicher auch die schönen und duftenden Blüten des Seidelbastes nicht unbeeindruckt lassen.

Der Frühling persönlich muss aber bei der Schöpfung des Petergstamms mitgewirkt haben, dessen leuchtendgelbe Blüten schon von weitem zu erkennen sind. Hier hat sich die Einsamkeit des Gebietes schon vorteilhaft ausgewirkt: So ein Massenblühen dieser Pflanzenart kenne ich in keiner anderen alpinen Region. In Massen blüht da und dort übrigens auch das Petergstamm - nicht nur auf den Felswänden, sondern mitunter auch auf herumliegenden Felsbrocken.

Alpennelke

Die Besonderheit der Flora im Hintergebirge liegt nicht darin, dass dort Pflanzen wachsen, die es sonst nirgends gibt, sondern dass hier seltenere Kräuter häufiger anzutreffen sind als anderswo. So sind zum Beispiel einige Raritäten aus der Orchideenfamilie noch mancherorts zu finden, wie z. B. die Stendelwurz oder das Rote Waldvöglein, die Fliegenragwurz oder der Frauenschuh. Die größte Besonderheit liegt aber darin, dass alpine Pflanzen in Höhenlagen vorkommen, die sonst nicht ihren Lebensansprüchen entsprechen. Im April sind die Felsen übersät mit den rosaroten Blüten der Kleinen Alpenrose, nach der sofort das „Jagabluat“ mit seiner hellroten Farbe die Aufmerksamkeit auf sich zu lenken sucht. Dazwischen leuchten die blauen Kelche des Clusius-Enzians, die etwa eine Wanderung über den Kienrücken zu einem besonders eindrucksvollen Erlebnis werden lassen: Dort läuft der Waldrücken zu einem steilen, grasigen Grat zusammen, der schmale Jagdsteig teilt die blaue Enzian-Pracht und eine Rast wird unvermeidlich.

Ein besonderes Erlebnis ist es sicher für alle Naturfreunde, eine Pflanze zu finden, deren Namen man nicht kennt, besonders dann, wenn man sich schon jahrelang mit der al-

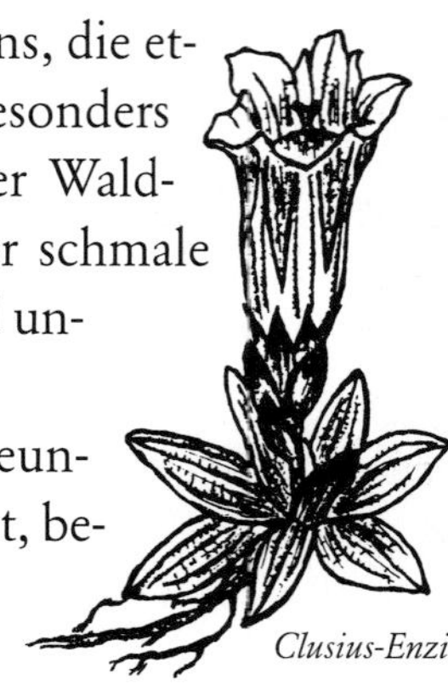

Clusius-Enzian

Bild rechts: Frauenschuh

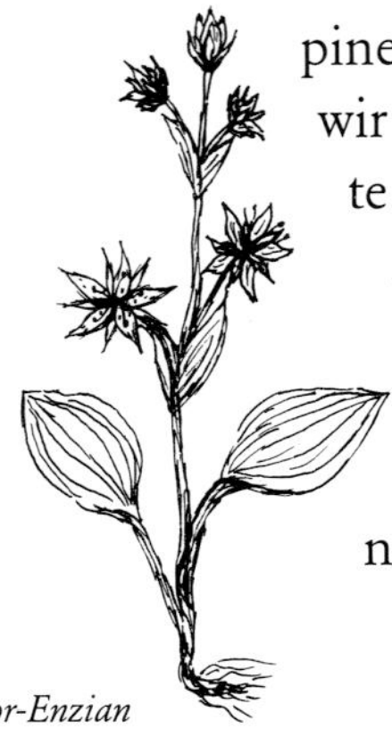

pinen Flora beschäftigt. Im Bachbett des Sitzenbaches entdeckten wir eine zierliche, mit mehreren sternigen blauen Blüten bedeckte Pflanze, die wir noch nie vorher gesehen hatten. Auch die von ihr geschossenen Fotos halfen uns anfangs nicht weiter, bis wir zufällig in einem Bildband ein Porträt dieser Pflanze fanden. Nach eingehenden Vergleichen kamen wir zum Schluss, dass diese Pflanze mit dem seltenen Moorenzian (Swertia perennis) identisch ist.

Moor-Enzian (Swertia perennis)

Viele Almen bieten Botanikern leider nicht mehr so viel, wie man sich eigentlich erwarten könnte. Schön ist sie schon, die Hahnenfußwiese, aber sie zeigt auch, dass für viele Arten das Leben dort vorbei ist, denn Düngung verändert den Lebensraum gründlich. Eine Ausnahme bilden die großen Weiden der Schaumbergalm, die den ganzen Sommer über Heimat einer großen Anzahl von alpinen Pflanzen sind. Ein Nachmittag mit dem Fotoapparat verspricht reiche Beute und besonders zieht das massenhafte Vorkommen des Pannonischen Enzians die Aufmerksamkeit des Fotografen an.

Zwergalpenrose

Ein blühendes Meer der verschiedensten Alpenblumen kann man im Juli im Halterhüttental auf dem Größtenberg durchpflügen. Roten Almrausch am Rande der Latschen, auf den kurzrasigen Wiesen Nester des Stengellosen Leimkrautes, das teilweise schon verblüht ist, dessen verblassendes Rot aber vom kräftigen Rosa der Alpennelke wieder ergänzt wird. Und dazu als Kontrast das massenhafte Blühen der Zwergglockenblume. Ein Hinsetzen auf blumenlosen Grund ist gar nicht möglich!

Natürlich war dieser Streifzug durch das Blumenjahr im Hintergebirge keine vollständige botanische Darstellung, sollte es auch nicht sein, sondern wollte nur einen Eindruck vermitteln vom Reichtum an Alpenpflanzen - eine Fahrstunde von Steyr entfernt!

Pannonischer Enzian

Grüner Garten Hintergebirge – König Wald

Sommernächte und stille Wasser und unendlich stille Wälder. Kein Schrei, kein Schritt auf den Wegen, mein Herz ist voll wie von dunklem Wein.

Knut Hamsun (Pan)

Im Hintergebirge herrscht der Wald. Etwa über 260 km^2 erstreckt sich das Waldmeer, erfüllt die Höhen, brandet an die Täler und leckt in Halbinseln weit ins umliegende Land aus.

Ein Blick vom Größtenberg belehrt uns aber, dass weithin menschliche Hand die Holzflut gebändigt und teilweise recht übel gezähmt hat. Immer mehr erkennt der suchende Blick, dass vom ursprünglichen Reichtum an grüner Urnatur nur mehr Reste übriggeblieben sind, und zwar meist in den für den Forstbetrieb und seine landschaftsfressenden Straßen unzugänglichen Gräben.

Aber welch herrliche Reste finden wir noch! Eine Wanderung durch das auf einem schmalen Steig begehbare Föhrenbachtal offenbart dem Besucher erst die Seele eines Naturwaldes, der noch nicht vom Menschen gezähmt und beeinflusst wurde. Hier herrschen die Gesetze des Lebens noch in ursprünglicher Form, Leben und Tod gehen fließend ineinander über: Alte Baumriesen liegen modernd über dem Weg, junge Bäumchen sitzen schon auf ihnen und saugen mit ihren Wurzeln Kraft und Substanz aus dem Lebensspeicher des Gefallenen. Da bietet sich kein einheitliches Bild; Jung und Alt gleichermaßen vertreten, zeigt sich die Fülle von Arten in einem Mischwald von anmutiger Schönheit und lebensvoller Kraft. Der Schluchtwald etwa, an der Grenze des Lebens, das trotz der niedrigen Lage dort nicht so gesichert ist wie im flachen Lande: Umgeworfene Baumleichen des meist aus Laubbäumen bestehenden Waldes zeigen die nur dünne Erdschicht, die diese prächtige Lebensgemeinschaft vom Tode durch Verkarstung trennt. Hier wäre ein größerer Holzschlag gleichbedeutend mit der Vernichtung allen pflanzlichen Lebens, das Erdreich wäre in wenigen Jahren abgerutscht , vom Wind verblasen und vom Wasser weggespült. Und das ist gut so. Nur diese extreme Lage hat es ermöglicht, daß wir heute noch den Reichtum dieses Naturwaldes bestaunen dürfen, der sich so gar nicht an die „militärische Ordnung“ vieler Forstbetriebe hält.

Wir aber sind froh über das grüne Paradies, das wir durchwandern dürfen! Wir erleben beim Aufwärtssteigen, wie der Buchenwald immer schütterer wird, bis er schließlich in Gratnähe von Latschen abgelöst wird. Teilweise begleiten einander Legföhre und Buche, ein Phänomen von Dolomitvegetation, das man im Hintergebirge öfter beobachten kann, wie etwa am Sitzenbach, am Ahornsattel oder auf der Kampermauer.

Mit einiger Mühe erreicht man das Bossbretteck über dem Föhrenbachtal und steht direkt unter den Namensgebern des Tales: Gewaltige Föhren mit rissigen Rinden recken ihre an den Spitzen oftmals dürren Äste gegen den Himmel. Viele haben das Todeszeichen des Blitzschlages an sich und weisen damit auf die exponierte Lage dieses Kammes hin.

Das Faszinierende an diesen Wäldern aber ist ihr hellgrüner Eindruck, der sie ganz deutlich von anderen Buchenmischwäldern unterscheidet. Überall ist der Boden von hellgrünem, mittelhohen Berggras bewachsen, das die oft wunderschön angelegten Wege noch deutlicher aus dem Gelände heraustreten lässt. Das veranlasst mich, anschließend ein wenig über die Wege im Hintergebirge zu erzählen, die oft Rätsel aufgeben und mir schon viel Freude bereitet haben. Sie sind eigenartig, diese Wege, man merkt ihnen an, dass sie kaum begangen werden - und doch erkennt man sie meist deutlich und hat auch ohne Markierung keine Mühe, ihrem Verlauf zu folgen. Der weiche Waldboden federt den Schritt ab und lässt das Wandern zu einem besonderen Vergnügen werden, ein Vergnügen, das viele Bergfreunde durch die oft arg ausgetretenen Wege vielbegangener Hüttenanstiege nicht mehr kennen. Im Hintergebirge kann wirklich oft der Weg zum Ziel werden.

Der Wald im Nationalpark

Fichtenmonokulturen, Kahlschläge, Brutalstraßen, Gifteinsatz zur Schadinsektenbekämpfung gehören im Nationalpark laut den Informationen des (sehr auskunftsbereiten) Forstamtes Reichraming der Vergangenheit an. Ökologisierung der Nationalparkflächen (16.400 ha) heißt jetzt die Devise: Die Bundesforste erhalten eine Nutzungsentschädigung und verzichten daher auf die forstliche Nutzung der Waldgebiete im Nationalpark.

Holzschnitt von Alois L. Lindenbauer.

Umseitig: Der Nationalpark Kalkalpen in seiner derzeitigen Ausdehnung

Oberschlierbach
899
Grünburger Htt.
Trattenbach
Wendbach
Kienberg
Hubertuskapelle
Klausriegler
1273
Hochbuchberg
Gradau
Gaißberg
Pfaffenboden
Mollner Htt.
Htt. 1285
Schoberstein
Sonnseite
Dorf
Schmiedleithen
Leonstein
Au
Weinzierl
Hirschwaldstein
1095
Burg Altpernstein
Roßberg
Au
Rabach
Blumau
Denk
Bild
Agonitz
Molln
Micheldorf
in Oberösterreich
Zimeck
Annasberg
1172
Breitenau
Garnweid
Unt.-
Ob.-
Wienerweg
Eibling
1087
Trailing-Kreuzung
Hoher Trailing
1237
Hausbach
Schön
Kienberg
Frauenstein
Paltenb.
Schlapfengraben
Ramsau
Jaidhaus
Welchau
Dorf
Dirngraben
Schedlbauer
Effertsbach
Ramsauer Größtenberg
1458
Steyern
Krumme Steyrling
1396
Gr. Spitzberg
Klaus
an der Pyhrnbahn
Schl. Klaus
Hopfing
Klauser See
Preisegg
Sengsengebirg
Feichtauhtt.
Rotgsol
1560
1838
Hochsengs
Bodinggra
1963
Hoher Nock
1902
Gamsplan
Kniewas
Dirnbach
Steyrbrücke
1124
Brandriegel
St. Pankraz
Hahnbaum
1453
Tamberg
Rading
1287
Kleinerb
Kl. Pri
1669
Windischgarsten
Dambach
Pichl
Edlbach
Seebach
Mitter-
weng
Ober-
Gleinkersee
1574
Seespitz
Großhütte
Weißenbach
1853
Lagersberg
2008
Dümlerhtt.
Spital
am Pyhrn
Wanderweg
Nationalpark Kalkalpen
Nationalpark Kalkalpen Information
ÖBB-Haltestelle
Tourismus-Infostelle
© Kartographie HAFNER, A-4591 Molln, OÖ

Stiedelsbach
Pechgraben
Dörfl
Dirnberg
Schieferstein
1206
Neustiftgraben
Hofberg
1103
Steinbachgr.
Arzberg
Rohrbachgr.
Platten
Heinzl
Reichraming
Großraming
Hintstein
Feichteck
1114
Sulzbach
Dirnbach
Rodelsbach
Oberplaißa
Obsweyer
Lumplgraben
Weyer Mkt.
Weißenbach
Anger
Küpfern
Anzenbach
Brennhöhe
Stallburgalm
Ennser Htt.
In den Mauern
Brunnbach
Gschwendtalm
1373
Predigtstuhl
947
552
1513
Almkogel
Kleinreifling
Wasserboden
Gh.Stonitsch
Klaus
Kogleralm
Große Klause
Au
Ortbauernalm
Nach der
Enns
Alpstein
1443
1424
Sonnrißhtt.
Niglbauer-Alm
Viehtaler Alm
Reichraminger-
Hochkogel
1157
Kühberg
1415
Klettersteig
Anlaufalm
Schleierfall
1724
Gr. Größtenberg
Borsee
Weißwasser
Bodenwies
1540
Schönau a.d.Enns
Schüttbauern Alm
Hochbrand
1242
Hintergebirge
Mooshöhe
Fuchsjäger
Hochkogel
1279
Seebacher
Unterlaussa
1297
Langfirst
Altenmakt
Wasserklotz
1505
Dörflmoaralm
Dörfl
Petroczy
Hocheck
1072
Bichl
1198
Breitau
Weißenbach an der Enns
985
1096
Haidach
Egglalm
Hengstpaß
Schwarzkogel
1554
St. Gallen
Berger-viertel
Karlhütte
Puglalm
R. Gallenstein
Laussabauernalm
Sagwirt
691
Oberreith
Oberlaussa
G. Maiereck
1764
Reiflingviertel
Rauchschober
1479

Der große Windwurf im Hintergebirge (nach 1916).

Zwei Zonen bestimmen jetzt das Handeln der Forstleute: **Naturzonen** mit dem Ziel, dass die Natur selbsttätig reguliert, was sie geschaffen hat, (sofern das nach den Jahrhunderten menschlicher Bewirtschaftung noch möglich sein wird) und **Bewahrungszonen**, in denen man dem Naturzustand möglichst nahe kommen möchte. Immerhin 62% der Wälder gelten als naturnah und sollen ihrem Schicksal überlassen werden, also - sofern die Natur das auch durchführt - wieder zu „Urwald" werden. In den restlichen Gebieten sollen einmalige Maßnahmen dem Mischwald wieder zum Durchbruch verhelfen, z. B. werden große Fichten in Altbeständen herausgeschnitten, um Licht für nachwachsende Laubbaumarten zu schaffen und in Jungwäldern heißt das Erziehungsziel überhaupt „Mischwald".

Im Nationalpark-Deutsch nennt der Forstmann das alles jetzt „aktive Überführung in den natürlichen Mischwald".

Damit lässt sich aber die Frage nach dem Schadinsektenbefall, insbesondere durch den Borkenkäfer, der ja gerade im Hintergebirge immer wieder für große Katastrophen gesorgt hat, nicht vermeiden. Wie kann dieser besondere Rindenbewohner vom Nationalpark ferngehalten werden, wo doch jetzt der Mensch nicht mehr eingreifen möchte?

Der Forstmeister erklärt (und der Zuhörer staunt), dass der Borkenkäfer eigentlich ein natürliches Glied des Holzabbaues sei und die Rinde für andere, nicht schädliche Insekten, aufschließe. Nur der Massenbefall in Monokulturen wäre das Problem, nicht einzelne befallene Bäume. Ein natürliches Programm zur Borkenkäferbegrenzung soll Massenbefall verhindern: befallene Bäume herauszuschneiden und zu entrinden, im Übrigen den Fichtenbestand auf ein verträgliches Maß verringern; (siehe oben!).

Auch im Forststraßenwesen zeigt sich nationalparkgemäße Großzügigkeit: Im Hintergebirge freut uns, was Autofahrer sonst eher erbost: „Der Straßenzustand verschlechtert sich von Jahr zu Jahr!" Im Nationalpark-Anteil des Hintergebirges werden von dem 300 km umfassenden Straßennetz 30 km aufgelassen und nicht mehr betreut. In wenigen Jahren soll sich so die Natur wieder zurückholen, was ihr gehört. Leider sind aber – wie man versichert – aus finanziellen Gründen keine Rückbaumaßnahmen besonders hässlicher Straßenstücke geplant.

Wasser in all seinen Formen

Und i und die Bachquelln
san Vetter und Moahm,
treibt's mit, wo da wöll, umma,
mein Herz is dahoam.
Franz Stelzhamer

Kaum eine alpine Landschaft ist so vom Wasser geprägt wie das Hintergebirge. Fast auf Schritt und Tritt begleitet dieses wohl lebendigste aller Elemente den Wanderer auf seinen Streifzügen, ruhig oder bewegt, gluckernd, rauschend und gischtend - Wasser in all seinen Formen!

Schon um über die Grenzen des Hintergebirges zu kommen, muss man fast überall das kühle Nass überschreiten: sei es die durch die Ennskraftwerke entstandenen Stauseelandschaften des mittleren Ennstales, sei es der kristallene Laussabach im Süden oder die Krumme Steyrling, die den Größtenberg im Westen unvermittelt vom Sengsengebirge trennt – überall Wasser!

So manche „Wasserschönheit" verbirgt sich auch in den Randbereichen des Hintergebirges. Der stille Borsee bei Schönau an der Enns zum Beispiel, der, aufgestaut durch die 1997 renovierte Schleifenklause, als letzter „echter" Triftsee der Region gelten darf.

Nur wenige Oberösterreicher werden das – leider schon z.T. zerstörte – Stummerreutmoor im Südabfall des Langfirstes kennen: Wo die Drainagen noch nicht zum Austrockenen geführt haben, wölben sich zwischen urweltlichem Bruchwald- und Sumpfzonen die typischen „Torfmoosbuckel" des Regen- und Quellhochmoores, spiegeln sich Latschen in den vereinzelten Schlenken (so nennt man die kleinen Tümpel), verbirgt sich eine seltsame und spezifische Flora zwischen den Grasinseln.

Wie viele Menschenaugen genießen bewusst die vielfältigen kleinen „Wasserspiele", wie sie besonders zur Zeit der Schneeschmelze im Spätfrühling unser Gebirge bereichern? Da rauschen ganze Sturzbäche durch die „Miniaturschluchten" rund um den Wasserklotz – mitten durch wahre Blumenfelder! –, da gluckern selbst in den sonst so dürren Flanken des

Hintergebirgswasser: oben: der von der Großen Klause aufgestaute See (1921).
Nächste Seite: Die Sitzenbachklause „geht"!

Größtenberges noch da und dort von sterbenden Schneefeldern gespeiste Quellen. Fast unheimlich erscheinen die vereinzelten dunklen Lacken und Hirschkuhlen, in deren Spiegel sich die Urwaldriesen betrachten. Wie lebendig geht es dagegen in den unzähligen Lacken um die Almen zu, wo Schwärme von Kaulquappen durcheinanderstieben, Frösche und Kröten unter die Graspolster rudern oder buntschillernde Molche zu entdecken sind!

Ein Stück vom Paradies: Die Bäche und Schluchten im Hintergebirge

Im Halblicht der Schlucht verschmelzen alle Dinge zu einem und aus der Mitte entspringt ein Fluss. Ich kann mich dem Wasser nicht entziehen!

Norman Maclean („Aus der Mitte entspringt ein Fluss")

Tief drinnen im Hintergebirge, an den Abhängen von Größtenberg, Langfirst, Wasserklotz und Hochkogel entspringen die Quellen des größten Gewässers der Region, des Großen Baches. Zahlreiche kleine Gerinne sammeln sich bald zu respektablen Wildwassern, die durch die engen und unwegsamen Gräben des zentralen Hintergebirges fließen; als da sind: Sitzenbach, Zorngraben-, Gams- und Ameisbach, Saigerinbach, Jörglbach und Hochschlachtbach - um nur die wichtigsten zu nennen. Bevor sie sich in der Nähe der Wällerhütte zum Großen Bach vereinigen, durchrauschen einige von ihnen geradezu atemberaubende, wildromantische Schluchten, die im ganzen Ostalpenraum nicht ihresgleichen haben.

Auch für einigermaßen schwindelfreie „Normalverbraucher" hat das Hintergebirge ein Wunder bereit: die Hochschlacht! Dieses steile Tälchen, dessen Quellbäche auf den Weiden des Anlaufbodens entspringen, ist eigentlich gar keine Schlucht, sondern vielmehr eine idyllisch schöne Kataraktstrecke, unterbrochen von einem hohen Wasserfall, der, steht man an seinem Fuße, aus dem Himmel zu stürzen scheint. Von einer „maßgeschneiderten", in Jahrtausenden aus dem Fels geschliffenen „Naturbadewanne" stürzt das Wasser in die andere, und alles ist so sauber und glattpoliert, dass man schier meinen könnte, dieses Naturwunder sei eigens zur Freude der Menschen geschaffen. Zudem erreicht das im Sommer oft nur spärlich plätschernde Nass manchmal Temperaturen bis über 20 Grad, so dass eine Wanderung entlang des Hochschlachtbaches zu einer köstlichen „Badetour" wird! Auch der Weg selbst, den man auch mit dem Durchwaten des Großen Baches bei der Mündung des Schwarzen Baches beginnen kann, ist ein Erlebnis für sich: Das schönste Stück, gleichsam auch die „Schlüsselstelle“, die Trittsicherheit verlangt, führt unter einem felsigen, von Dolomittürmen gekrönten Grat vorbei. Wo die Holzknechte einst Baumstämme über eine Holzriese nach unten schickten, genießt man einen schwindelnden Tiefblick in die gut 200 Meter tiefer gelegene Schlucht des Großen Baches. Und auf der anderen Seite gluckert der Hochschlachtbach friedlich von Wanne zu Wanne - keine 30 Meter tiefer! Ein wahrhaft seltsames und eigenwilliges Spiel der Natur -, auf jeden Fall aber ein Glanzpunkt des Hintergebirges. Im Sommer 1997 wurde der Weg auf die Hochschlacht vom Nationalpark und der AV-Sektion Großraming als Umweltbaustelle saniert und teilweise gesichert.

Die größte Schlucht unseres Gebietes, die des Großen Baches, beginnt schließlich unterhalb des erwähnten Zusammenflusses an der sogenannten „Hohen Stiege“, einer ehemaligen Steiganlage. Ich würde sie eigentlich gar nicht als Schlucht, sondern vielmehr als Canyon bezeichnen, denn in ihrer einzigartigen Schönheit und Wucht passt sie so gar nicht zu unserer Vorstellung von einer engen Voralpenklamm. Nein, dieses Naturschauspiel ist einzigartig in unserem Raum und hat kein Gegenstück: Breit und behäbig öffnet sich das Tal zwischen eigenartig gerundeten, steilen und schütter bewachsenen Felswänden, an seiner Sohle wannenförmig ausgewaschen und vom frühsommerlichen Hochwasser poliert. Darin rauscht der glasklare Bach einmal über niedrige Stromschnellen, dann wieder scheint er in geheimnisvoll-dunkelgrünen, oft metertiefen Tümpeln stillzustehen, und die Felskrone der Hochschlachtwand spiegelt sich darin. Dann verengt sich die Schlucht wieder; lotrecht schießen zu beiden Seiten die Wände in die Höhe, und irrwitzige, steinerne Nadeln wachen über dem reißenden Gewässer. Hier säuselt das Wasser harmlos zwischen blendendweißen Sand- und Schotterbänken dahin – dort treibt es schon wieder in den Strudel des Felskolkes hinein, um schließlich beim Annerlsteg als munter dahinsprudelnder Waldbach sein eigensinniges Mäandrieren aufzugeben und im weiteren Lauf seine restlichen 20 Kilometer bis Reichraming relativ zahm hinter sich zu bringen. Dabei ist auch dieser Canyon bis auf zwei kurze Abschnitte frei von störenden Eingriffen geblieben, denn die Forststraße durchsticht die linken Uferwände zwischen den Mäanderbögen in drei langen, einst für die Waldbahn angelegten Tunnel und lässt die Schlucht selbst ungeschoren. Der in ihre Wände und Hänge gebaute Triftsteig ist natürlich auch hier schon längst den Weg al-

Die Reichraminger Waldbahn vor dem Schleierfall (um 1950).

les Irdischen gegangen und bis auf kurze Stücke nicht zu benützen. Dagegen kann man aber ohne größere Schwierigkeiten den unteren und oberen „Schluchtbogen“ durchwaten, immer von einem Ufer zum anderen wechselnd. Im mittleren Teil muss ein Tümpel durchschwommen werden, ansonsten ist auch dieser leicht zu erkunden - immer vorausgesetzt, der Bach führt nicht allzuviel Wasser, so dass die teilweise starke Strömung nicht gefährlich wird. Anzuraten sind bei dieser Unternehmung jedoch gute Badeschuhe, denn die zahllosen spitzen Steine, unter Wasser oft nicht sichtbar, setzen den Füßen ansonsten gewaltig zu! Immer aber wird dieses harmlose Abenteuer im „Niemandsland“ gleich neben der Straße ein großes Erlebnis bescheren.

Mit den Schluchten endet das größte Bachsystem Österreichs – und darüber hinaus eines der längsten der Alpen – aber noch lange nicht . Sie sind ja nur ein winziger Teil der 180 Kilometer, die der Reichramingbach mit all seinen Zuflüssen misst! Zahlreiche Gewässer in allen Arten und Größen lassen den Großen Bach auf seinem Weg nach Norden immer mehr anschwellen: Sei es der kurze Föhrenbach, der eines der letzten Naturwaldreservate (das bis auf 500 Meter Seehöhe herabreicht!) entwässert, sei es der doppelarmige Weißenbach vom Schneeberg herab oder der größte „Vasall“, der aus der Gegend des Dürrensteigkammes kommende und das liebliche Brunnbachtal durchfließende Pleißabach - alle haben sie, jeder für sich, einen ganz eigenen Charakter.

Einmalig für den ganzen Alpenraum ist aber die Tatsache, dass ein Gewässer dieser Länge bis auf den heutigen Tag seine reine Trinkwasserqualität behalten konnte! Ein Faktum, das, bei der heimischen Bevölkerung als Selbstverständlichkeit und ohne großes Überlegen hingenommen, bei so manchem zivilisationsgeschädigten Bewohner irgendeines Industrieballungsraumes ungläubiges Staunen und sehnsuchtsvolles Seufzen hervorruft. Dieser Schatz, 180 Kilometer reinstes Trinkwasser, kann in der heutigen Zeit gar nicht hoch genug eingeschätzt werden!

Das Hintergebirge ist wahrscheinlich nicht arm an kleinen und großen Wundern. Sein Wasser aber ist das größte davon.

Holzarbeit in einer der vielen Schluchten des Hintergebirges.

Schlucht 1924

Die Almwirtschaft im Hintergebirge

Wer die Landschaft des Hintergebirges heute als Refugium der Einsamkeit und der Stille schätzt, sollte sich nicht in nostalgischer Romantik ergehen: Die Einsamkeit ist eine Folge der „modernen“ Wald- und Almenbewirtschaftung unserer Zeit. Die Almen des Hintergebirges waren früher belebter als heute. Keine Straßen führten zu den Hütten, die Senner mussten wohl oder übel am Berg bleiben und sich dort um das ihnen übertragene Vieh kümmern.

Dabei sind viele Almen aus früherer Zeit heute gar nicht mehr als solche erkennbar, und nur mehr der Name auf der Wanderkarte erinnert noch an die ehemalige Nutzung des Fleckens. Berührend ist z.B. immer wieder die Begegnung mit den Resten der ehemaligen Annerlalm am Kienrücken: Nichts deutet mehr auf eine Alm; dicke Bäume erheben sich dort, wo die Karte ihren Namen nennt. Erst bei genauerem Hinsehen entdeckt man einige verdorrte Obstbäume, die unzweifelhaft auf das Vorhandensein früherer Bewirtschaftung hinweisen. Ansonsten hat die Natur dort alles ausgelöscht und den Urzustand wieder hergestellt. Ein alter „Hintergebirgler“ erzählt noch heute von einem bereits verstorbenen Holzknecht, der auf dieser Annerlalm das Licht der Welt erblickt hat. So kann die Betrachtung dieses Fleckchens mit seiner kleinen unbedeutenden Geschichte als Beweis der Vergänglichkeit allen menschlichen Handelns ins Bewusstsein eindringen und mithelfen, unsere täglichen Nöten nicht gar zu ernst nehmen.

Nur noch wenige Almen sind bewirtschaftet und von „Haltern“ betreut. Auf vielen Weideflächen finden wir noch Jung- und Galtvieh, das kein Senn mehr hütet: Leider ist das auch auf der romantischen Schaumbergalm, die sich zu Füßen des Größtenberges erstreckt, der Fall. Die ehemalige Almhütte verfällt und es wird nicht mehr lange dauern, bis auch sie den Weg der Vergänglichkeit beschreiten wird. Ein ähnliches Schicksal erlitt auch die Blabergalm, deren Hütten ebenfalls nicht mehr benützt werden und dem Verfall preisgegeben sind. Aber solange die Alm noch vom Vieh beweidet wird, bleibt wenigstens der Charakter der Almwiesen erhalten. Ist eine Alm einmal gänzlich verlassen, so dauert es nicht mehr lange, bis der Wald sich wieder holt, was einst ihm gehörte.

Die Gschwendtalm wird heute noch bewirtschaftet.

Die Reiflingeralm

Es war einmal: oben: die ehemalige Reiflingeralm unter dem Reiflingereck (Dürrensteigkamm) und ihr Personal (rechts). Auf den folgenden Seiten: alte Aufnahmen von der Schaumberg-, Anlauf-, Stöffl- und Ebenforstalm (aufgenommen zwischen 1920 und 1950).

Folgende Doppelseite: Die Schaumbergalm.

Arbeitsgruppen auf der Anlaufalm (oben), auf der Stöfflalm (unten).

und Ebenforstalm

Viel hat sich auf der Ebenforstalm nicht verändert!

So wie die Reste der Triftsteige und der Klausen erinnern auch die Almen an die Mühen vergangener Zeiten: Jedes Fleckchen Land musste dem Wald ja buchstäblich entrissen werden. Da man damals keine Maschinen verwendete und Pferde oder Ochsen die einzigen Helfer des Menschen waren, kann man sich den Arbeitsaufwand vorstellen, der notwendig war, um z. B. die riesigen Flächen der Anlaufalm zu roden und dann von den Stöcken zu befreien.

Die Almwirtschaft wurde schon zur Zeit der Römer betrieben; die heutigen Hintergebirgsalmen stammen allerdings frühestens aus der Zeit der mittelalterlichen Rodungen. Schwierigkeiten gab es mit der Almwirtschaft immer wieder: Mit dem Aufschwung der Kleineisenindustrie im 19. Jahrhundert wachte die Obrigkeit eifersüchtig über jeden Holzstamm, der der Verkohlung zugeführt werden sollte. Das ist auch der Grund dafür, dass manche Almhütten sogar mitten im Wald aus Stein erbaut werden mussten. Andererseits sind früher auch einige Bauernhöfe aus Almen entstanden - so etwa das Almbauerngut in Brunnbach, das mit seinem Namen noch auf seine Entstehung hinweist. Auf jeden Fall waren die Almen bis in die Mitte des 20. Jahrhunderts überlebensnotwendig für die Bauern im Tal und auf den steilen Bergabhängen: Erst durch den Strukturwechsel in der Landwirtschaft, die Verknappung der Arbeitskräfte auf den Höfen, die Spezialisierung auf die Rinderzucht kam es zum grossen „Almsterben". Im Wissen um diese lange und wechselhafte Geschichte schmerzt es arg, wenn man die in der Folge aufgelassenen Almböden wieder zu Wald werden sieht. Erst in jüngster Zeit steigt die Anzahl der bewirtschafteten Almen wieder an. Im Frühsommer 1999 soll zwischen der Niglbauernalm und der Schüttbauernalm unterhalb der Bodenwies ein von der Volkskundlerin Dr. Eva Kreissl gestalteter Themenwanderweg, der **„Schwoagerinnenweg"**, eröffnet werden. Die Besucher können sich dann vor Ort ein Bild von der Arbeit der Menschen machen, die früher im Sommer die Almen bewirtschafteten.

Meistens war der Almbetrieb Frauensache. Ganz selten wurde einer Schwoagerin ein Mann als Halter mitgegeben, ein alter Onkel, ein „Verwachsener" oder ein anderer, der dem Hof unten nichts einbrachte und daher nicht sonderlich abging. Die Schwoagerin musste auf die ihr anvertrauten Rinder aufpassen, ihnen bei Krankheiten oder Unfällen beistehen, die Kühe melken, Topfen und Butter erzeugen und diesen regel-

Die Anlaufalm – im Winter ein einsames Ziel,
im Sommer jedoch oft und gern besucht.

mäßig – meistens donnerstags – zu Tal bringen. War doch Butter eines der wenigen Produkte, das sich für den Bauern direkt zu Geld machen ließ. Die Rinder waren für die Schwoagerinnen mehr als Nutzvieh, sie betreuten sie liebevoll, kannten ihre Eigenarten und gaben ihnen Namen wie Stern oder Blume, Fuchsl oder Semmel.

Ansonsten war das Leben auf den Almen schon eine einsame Sache bis auf die Besuche von Holzknechten, Jägern oder Wilderern, die manchmal die Hütten wegen einer Jause oder der feschen Sennerin aufsuchten. Aber diese Einsamkeit bedeutete auch Freiheit von der Erniedrigung, die Dienstboten im Tal zu erdulden hatten, es fehlte die Rangordnung beim Essen und beim Reden, niemand legte der Schwoagerin Normen und Verpflichtungen auf, die nicht von der Notwendigkeit der Natur und der Wirtschaft bestimmt wurden. Manchmal, meist an Sonn- oder Feiertagen, aber war es auch lustig auf den Almen, wenn die Dorfjugend zum „Schwoagen" hinauf wanderte, ausgerüstet mit der „Harmonie" und dem „Fotzhobel", um einige Stunden voller Fröhlichkeit und „Gaudi" zu verbringen. Da wurde musiziert, gelacht und auch getanzt bis zum späten Abend, bis halt alle wieder nach Hause mussten, oder die Schwoagerin sich um die Kühe zu kümmern hatte.

Von all diesen Dingen wird der „Schwoagerinnenweg" berichten und an Hand aufgestellter Objekte über das frühere Leben dort oben erzählen.

Beispielhaft für die noch bewirtschafteten Almen im Hintergebirge soll hier kurz die **Anlaufalm** hoch über der Großen Schlucht und der Hochschlacht beleuchtet werden. Urprünglich aus mittelalterlichen forstlichen Waldblößen entstanden, umfasst sie heute ein Areal von 86 Hektar. Sie ist so groß, dass sie auf Satellitenbildern sofort an ihrer Form erkannt werden kann. Der Almforscher und Obmann der betreuenden Weidegenossenschaft Großraming, Leopold Aspalter, hat nachgewiesen, dass sie bereits seit mehr als 350 Jahren bewirtschaftet wird. Die jetzige Hütte wurde 1936 durch die Weidegenossenschaft Großraming errichtet.

Die Almwirtschaft erfordert viel Arbeit: das Zäunen (Hagern, also das Aufrichten und Instandsetzen der Zäune), das Schwenden und die - mechanische - Unkrautbekämpfung auf der Weidefläche, die Instandhaltung der Gebäude und Anlagen wie etwa der Viehtränken oder die Pflege der Wege... Dazu kommt die Betreuung des Viehs: Jedes Jahr kommen - je nach der Witterung - um Anfang Mai bis zu 80, 90 Jung- und Galtrinder auf die Alm; ab September werden es wieder um zehn bis zwanzig Stück weniger, bis auch der Rest am Ende des Monats wieder abgetrieben und in die Heimhöfe zurückgebracht wird. Zum Vergleich: Auf der Ebenforstalm weiden pro Sommer etwa 40 Jung- und Galtrinder, auf der Gschwendtalm ebenfalls. Da wie dort erfreuen sich auch zwei oder drei Milchkühe des Sommers. Nach dem Melken muss die Milch rasch zu Butter oder Topfen verarbeitet werden: Etwa 25 Liter Milch ergeben ein Kilo Butter und einiges an „Rührmilch" (Buttermilch); aus acht Litern Milch wird ein Liter Rahm. Das alles schmeckt natürlich auch den Wanderern, und so haben sich die Anlaufalm wie auch die Gschwendt- und die Ebenforstalm zu beliebten Ausflugszielen mit einfachen Lagerschlafplätzen entwickelt. Alles in allem: Der Tag der Almleute bleibt auch im 21. Jahrhundert noch lang, beginnt in aller Herrgottsfrüh und ist reichlich mit Arbeit ausgefüllt.

Alm-Auswahl (ohne Anspruch auf Vollständigkeit)

Im Zentralbereich:
Habichleralm (bestoßen)
Ortbauernalm
Anlaufalm (bewirtschaftet)
Annerlalm (verwachsen)
Ebenforstalm (bewirtschaftet)
Schaumbergalm (bestoßen)
Stöfflalm
Weingartalm
Blabergalm (bestoßen)
Bergeralm (bestoßen)

Im Süden
(Haslers Gatterl - Hengstpass):
Rumplmayrreut (bestoßen)
Maierreut (bestoßen)
Edelbacherreut (bestoßen)
Groiß'nalm (bestoßen)
Dörflmoaralm (Hanslalm, bestoßen)
Puglalm (bewirtschaftet)
Peterbauernalm (bewirtschaftet)
Laussabauernalm (bewirtschaftet)

Im Osten (Dürrensteiggebiet):
Menaueralm (bestoßen)
Schüttbauernalm (bestoßen, Almgasthaus)
Viehtaleralm (bestoßen)
Niglalm (bestoßen, Gasthaus)
Stallburgalm (im Sommer Gastbetrieb)
Hobischalm (bestoßen)
Gschwendtalm (bewirtschaftet)

Vom Bergbau im Hintergebirge

Spricht man vom Erzbergbau in Österreich, so gilt der Erzberg in der Steiermark als die bekannteste Abbaustelle des begehrten Rohstoffes. Doch der wurde auch an vielen anderen Stellen der Alpen aus dem Gestein geholt – allerdings war die Ausbeute an diesem „Waldeisen" meist nur gering und vergleichsweise schwierig zu bringen. Doch waren damals Arbeitskräfte billig und der Wert der gewonnenen Metalle wesentlich höher als heute.

Wer weiß heute noch, dass einmal am Gaisberg bei Molln, am Buchberg und im Wendbachgraben bei Trattenbach Waldeisen abgebaut wurde? Auch im Hintergebirge gab es einige Abbaustellen: Die ältesten Bergwerke dürften schon im 12. Jahrhundert nördlich der Laussa entstanden sein. Offenbar wurden damals die Bauxite des Blaberges und des Breitenberges wegen ihres hohen Eisengehaltes aus dem Berg geholt. Dafür spricht auch der Name „Blaberg", der auf ein mittelalterliches „Blähhaus" zum Schmelzen des Eisenerzes hinweist. Die Berge um Unterlaussa waren durch Jahrhunderte von hohem Interesse für die rohstoffhungrigen Handwerks- und (später auch) Industriebetriebe: Im Jahre 1455 entdeckte man an der Bodenwies und auf der Danfarbalm (am Schwarzkogel) ebenfalls Eisenerze, die später unter Aufsicht der „Innerberger Gewerkschaft" abgebaut wurden. Da sich der Bergbau nach Eisenerz am Blaberg und am Breitenberg nicht mehr rentierte, eröffnete man im 16. Jahrhundert neue Erzstollen am Sandl, während an einer anderen Stelle des Berges Bergknappen den begehrten **Gagat**, ein tiefschwarze, polierbare Braunkohle – auch Pechkohle genannt –, aus dem Berg holten. Der Gagat wurde zu Schmuckstücken verarbeitet, besonders als Trauerschmuck fand er häufig Verwendung und war in aller Welt begehrt. Die Gagatfunde eröffneten durch zwei Jahrhunderte neue Abbaumöglichkeiten am Sandl, die durch beträchtliche **Braunkohlenfunde** noch ergänzt wurden. Das 19. und die erste Hälfte des 20. Jahrhunderts stellten für Unterlaussa den Höhepunkt bergmännischer Bedeutung dar, bevor dann das Ende jäh und überraschend einbrach:

Schürfungen nach Erz und Kohle am Sandl, Blaberg, Sonnberg, Breitenberg und Prefingkogel waren erfolgreich, nebenbei eröffneten **Rötel-**

Das einstige Kohlebergwerk am Sandl bei Unterlaussa.

Das Bauxitbergwerk

Knappen im bis 1964 betriebenen Bauxitbergwerk am Blaberg oberhalb von Weißwasser; rechts die dazugehörige Materialseilbahn.

Das Ende des

Dramatische Zeitungsberichte beschrieben den Verfall der Bergwerksanlagen ab 1965 – und das unausweichlich scheinende Ende des Ortes Unterlaussa (rechts oben). Rechts unten: Der Wald hat sich inzwischen der letzten Reste des Bergwerks bemächtigt.

Bergwerks

Gasthaus in Weisswasser O.Ö.
Besitzer Peter Gsöllpointner.

Weißwasser

Auch Weißwasser – einst die größte Siedlung im Hintergebirge – ist völlig verschwunden. Wie die meisten Gebäude wurde auch das Wirtshaus (links mit dem gemütlichen Wirt) nach 1965 von der Feuerwehr aus Übungsgründen niedergebrannt.

vorkommen am Sandl Hoffnungen auf eine neue Abbaumöglichkeit, die dann auch durch einige Jahre genützt wurde. Nach dem 1. Weltkrieg stand bis 1927 der Kohleabbau am Sandl an erster Stelle, während mit Beginn des Zweiten Weltkrieges – nicht zuletzt aus Rüstungsgründen – der **Erzabbau** am Blaberg intensiviert wurde. Zu diesem Zweck ließen die damaligen Machthaber eine Materialseilbahn zwischen der Bergbausiedlung Weißwasser und der Bahnstation Weißenbach errichten, um einen schnellen und rationellen Erztransport zu ermöglichen.

Nach dem Ende des Zweiten Weltkrieges schloss man die Kohlegruben am Sandl endgültig, weil die Kohle noch zu jung und daher schlackenreich mit einem hohen Schwefelgehalt war. Dafür gewann die bisher unbeachteten **Bauxite** am Blaberg neue Bedeutung: Diese Aluminiumerze waren weltweit gesuchte Rohstoffe, die es am Blaberg in ausreichender und leicht zu gewinnender Weise gab.

Bis 1964 florierte der Bergbau auf Bauxit mit 130 Arbeitskräften, wobei etwa 20 Familien ständig in Weißwasser wohnten, bis die internationale Preislage des Rohstoffes einen Weiterbetrieb des Bergwerkes nicht mehr rentabel erscheinen ließ.

Die VAW Ranshofen Berndorf- Unterlaussa schloss 1964 den Betrieb, die Häuser der Ortschaft Weißwasser, die eine eigene Schule und einen Einkaufsladen aufwies, und die Seilbahn wurden abgerissen und heute erinnert nichts mehr an die ehemalige Ortschaft. Nur mehr das Knappenhaus am Blaberg vermodert verlassen im allesüberwuchernden Grün der Pestwurz- und Huflattichblätter.

Die Stolleneingänge am Blaberg sind jedoch noch gut erhalten, von einer Begehung muss aber dringend abgeraten werden, zu stark ist die Verwitterung der Balken bereits fortgeschritten.

So ist nun Unterlaussa, das einst ein wichtiger Montanort war, aus dessen Bergen jahrhundertelang Kohle, Gagat, Rötel, Eisenerz und schließlich Bauxit geholt wurde, heute ohne jeden Bergbau. Die Waldarbeit und der Fremdenverkehr sind das einzige, was diesem einst so wichtigen Ort geblieben ist.

Bergbau in Unterlaussa:

12. u.12. Jh.: Eisenerz am Blaberg und Breitenberg.

15. Jh.: Eisenerz an der Bodenwies und am Schwarzkogel.

15. - 16. Jh.: Eisenerz am Sandl, Gagat (Pechkohle) am Sandl.

19. Jh.: Rötel am Sandl. Erneute Schürfungen nach Erz und auch Kohle an allen bisherigen Abbaustellen

1919 - 1927: Aufleben des Kohlebergbaues am Sandl.

1939: Intensivierung des Eisenerzabbaues am Blaberg; Seilbahnbau zwischen Weißwasser und Weißenbach

1945 - 1949: Erneut Kohleabbau am Sandl; endgültige Einstellung wegen zu hohen Schlackengehaltes der Kohle (zu junge Lagerstätte)

1949 - 1964: Bauxitbergbau am Blaberg; Einstellung aus Rentabilitätsgründen.

Holz aus dem Hintergebirge

Holzknechtbuam sama ja,
Und lassen uns nix sagen,
Obs heut oder morgen uns
In Friedhof aussi tragen.
(Inschrift auf einem Foto)

Wenn man durch die Schluchten des Reichraminger Hintergebirges wandert, bemerkt man überall an den bachbegleitenden Felshängen Reste alter Steige, herabhängende Bretter und an manchen Stellen noch Drahtseile zur Sicherung früherer Wege. Alle diese Dinge zeugen von der längst vergangenen harten Arbeitswelt früherer Holzbringung.

Für die Holzknechte der damaligen Zeit war das Hintergebirge sicher kein romantischer Platz zum Regenerieren und Erholen, sondern Arbeitsplatz und Ort des Kampfes mit den Naturgewalten. „Wir haben den ganzen Tag gearbeitet und doch keinen Boden unter den Füßen gehabt." beschreibt ein Holzveteran seine Erinnerungen an diese Zeit. Ein großes Problem im Hintergebirge war nämlich neben dem Fällen der Bäume im unwegsamen Gelände die Bringung des Holzes aus diesem gebirgigen, zerfurchten und wilden Teil unserer Heimat.

Und Holz gab es genug: Größere Bäume lieferten zwischen 1 und 3 Festmetern, auf der Roterd wurde eine Fichte geschlagen, die ganze 13 Festmeter Holz ergab!

Die Rekordtanne aber wurde am Geiernest umgeholzt: Sie war ca. 400 Jahre alt, ergab 38 Festmeter und die Holzarbeiter brauchten nicht ganz 4 Stunden, um sie umzuschneiden.

Da Straßen damals aus technischen Gründen nicht angelegt werden konnten, musste der Transport auf dem Wasserweg erfolgen, ein in dieser Gegend mit vielen Schwierigkeiten „gepflasterter" Weg: Zum einen führten die Bäche nicht so viel Wasser wie Enns und Steyr, zum anderen erschwerten schmale Schluchten die Trift, sodass sich die Stämme oft verkeilten und die Auflösung solcher „Knöpf" größte Schwierigkeiten bereitete.

Der Erste Weltkrieg war gerade zu Ende gegangen, als der Krieg gegen die Borkenkäfer in der kleinen Welt des Hintergebirges begann.

Aufarbeiten von „Käferholz“ (um 1916), rechts eine „Holzknechtpass“.

STIG WIR HOLZKNECHBUAM DAN UNS GERN
MÜSSEN UNSERE GROSCHEN AUS DEN HOLZ
SCHLAGN. 1927.
HAIDER.

Das „Schlitteln"

Das mitunter lebensgefährliche „Schlitteln": Holztransport mit Starschlitten ohne Reibstock (um 1936/37).

Holzriesen

Oben: der Bau einer Holzriese (1929), rechts: Auslauf einer Holzriese. Nächste Seite: Ungeheure Holzmengen warten auf den Weitertransport. (Ganz hinten ist eine Holzriese erkennbar.)

Holzriesen

Holzriesen im Hintergebirge - technische Wunderwerke, die oft einige 100 Meter lang waren.

Die Große Klause

Die Große Klause, die zentrale Trifteinrichtung im Hintergebirge (um 1921).

Klausbau im Jörglgraben (oben). Rechts die Klause im Wilden Graben. Darunter und auf der nächsten Seite: Erinnerungen an die Holztrift auf der Krummen Steyrling bei Molln (1928).

Wildengraben

Das Klausen

So wurde ein ausgeklügeltes Klausensystem entwickelt, dessen Spuren sich bis ins Mittelalter zurückverfolgen lassen. Vergleichbar an Größe und Ausgefeiltheit ist das Triftsystem im Hintergebirge nur mehr mit den Anlagen im Rax-Schneeberggebiet (Niederösterreich) der Gebrüder Huebmer, besonders des genialen Georg Huebmer, des „Raxkönigs" und Gründers der evangelischen Gemeinde Nasswald.

An geeigneten engen Talstellen, wie z. B. der bereits 1604 in der Waldordnung Rudolfs II. als „Mitterwendt Claus" bezeichneten Großen Klause, wurden bis zu 20 Meter hohe Holzsperren errichtet, welche die Bäche aufstauten. In diesem Stau sammelte sich das geschlagene Holz, das zuvor oft über steile Holzriesen herabgelassen worden war.

Mehrmals im Jahr, an den zentralen Klausen meist nur zweimal (im Frühjahr und zur Zeit der „Labergüss", wenn im Herbst der Sturm die Blätter von den Bäumen blies) „ging" die Klaus: Die im See angesammelten Holzbloch wurden durch eigene Kanäle über die Holzkonstruktion in den davorliegenden Klaustümpel gezogen. Dann sprangen mit ungeheurer Wucht die Schleusen auf, fünf Meter breit, drei Meter hoch und – um dem gewaltigen Druck standzuhalten, gänzlich mit Eisen beschlagen und mit Reisig „gefedert". Tosend stürzte die entfesselte Flut in den Klaustümpel, packte die Holzfracht und trug sie brüllend hinaus ins Tal, bis zur nächsten Klause und schließlich nach Reichraming, wo die Stämme hauptsächlich in den immer gefräßigen Kohlenmeilern der Hammerwerke landeten. Wenn die ersten Bloch Reichraming erreichten, verließen die letzten gerade die zentrale Große - oder auch Mitterwändklause, 12 km vom Ort entfernt. Während die Holzknechte für diese Strecke etwa vier Stunden brauchten, schaffte sie das Wasser in einer.

Da es damals noch kein Telefon gab, schickte der Torhüter vor dem Klausen einen Boten nach Reichraming, um die Leute zu warnen. An allen Brücken, Übergangsstellen und Furten wurden rote Fähnchen angebracht, um die Menschen vor der Wasser -und Holzflut zu warnen. In Reichraming warteten schon die Kinder neugierig und aufgeregt auf die Klaus, die ihr Kommen mit einem Grollen und Getöse lange vorher schon ankündigte.

Natürlich kamen die Stämme nicht unbeschädigt herunter, am Rechen in der Schallau fuhren die Stämme ineinander, hoben alle hoch und viele zersplitterten krachend durch den gewaltigen Anprall der nachkommenden Baumriesen.

Leider ging das nicht immer ohne Unfälle aus: Am 26. August 1904 etwa trieben zwei Bauern bei Maria Neustift ihr Vieh vom Ebenforst heim. Dabei wurden sie von den daherrollenden Wassermassen überrascht. Das Vieh hatte das andere Ufer schon erreicht, die Treiber aber wurden von den Fluten erfaßt und abgetrieben.

Das wertvollere Holz befand und befindet sich immer noch auf den Höhen der langgestreckten Hügelzüge und musste von dort mit Hilfe von „Riesen“ durch Gräben, die mit Stämmen oft gleitend gemacht worden waren, zum Teil geschleift werden. Oft verraten Namen auf der Karte, wie z. B. die „Bretterries“ am Abhang des Kienrückens noch von ihrer einstigen Verwendung.

An anderen Stellen wie etwa im Gebiet des Hochschlachtgrates wurden die Stämme überhaupt nur einfach über Felswände oder steile Rinnen in die Tiefe gestoßen.

Insgesamt „arbeiteten“ allein im Einzugsbereich des Reichramingbaches nicht weniger als 17 Holzkastenklausen –, damit war das Hintergebirge einschließlich dem Tal der Krummen Steyrling das triftmäßig besterschlossene Waldgebirge Österreichs. Die meisten Anlagen wurden ursprünglich als Schlagtorklausen konstruiert, so auch die 1883 errichtete Große Klause. Deren Tore wurden mittels Herausschlagen eines „Dorns“ geöffnet, während durch die Einführung von Hebetorklausen (z. B. Pleißaklause und später durch Umbau im Jahre 1905 auch die Große Klause u. a.) Schäden weitgehend vermieden werden konnten.

Neben der großen Sitzenbachklause (erbaut 1905) ermöglichten weitere kleinere Konstruktionen die Holztrift bis zur Schwemmebene der Mitterwändklause: Wohlführeralm-, Petzenkogel-, Jörgelgraben-, Zorngraben- und Schwarzaklause. Unterhalb der Großen Klause wurde ebenfalls noch aus Seitengräben herausgetriftet: Von den beiden Rabenbachklausen, vom Ebenforst (Erddamm!), aus dem Wilden Graben und vom Pleißa- und Eibeckbach. Darüber hinaus waren auch noch fast alle anderen größeren Gerinne des Hintergebirges für die Trift erschlossen.

Die Triftstrecken waren seitlich von Steigen gesäumt, von denen aus die Holzknechte – manchmal unter Lebensgefahr – das Holz weiterzogen,

Wirbel mit langen Stangen und Haken auflösten und für die Weitertrift sorgten. Oft wurden diese Steige in senkrechten Fels gehauen und verliefen in schwindelnder Höhe. Ein schönes Beispiel für einen der kühnsten Wege dieser Art ist die „Hohe Stiege", deren Reste noch heute von der Forststraße aus bestaunt werden können.

Leider sind die Klausanlagen und Wege heute nur mehr an ihren Resten zu besichtigen; schön wäre es, zumindest eine der Klausen und einige der Triftsteige wieder zu reparieren.

Trotzdem vermitteln einige dieser Ruinen dem Wanderer Eindruck von der Arbeit unserer Vorfahren.

„Fröhliche Armut"?

Lustig wir Holzknechtbuam dan uns gern plagen ,
Mir müssen unsere Groschen aus'n Holz aussaschlagen.
(auf einer Ansichtskarte mit einer Holzknechtpass 1927)

Wer die steilen Hänge im Hintergebirge kennt, wer die enge Haselschlucht gesehen hat und sich ein Stück durch die Urwildnis des Hetzgrabens gequält hat, und weiß, dass das alles einmal begehbar war und Arbeitsplatz unserer Vorfahren, für den ist das Hintergebirge mehr als eine Erholungslandschaft, es ist ein Freilichtmuseum für das schwere Tagwerk einfacher Menschen.

Der Begriff der vielfach zitierten „fröhlichen Armut" erweist sich als Sozialkitsch, wenn man bedenkt, unter welchen Umständen und Gefahren hier Menschen ihr karges Brot verdienen mussten: Ausgesetzt den Launen des Wetters, stundenlanges Stehen in nassen Kleidern beim Triften, in ständiger Absturzgefahr beim Anlegen von Steiganlagen oder Riesen, die Akkordarbeit, die Doppelbelastung durch eine kleine Wirtschaft zu Hause, die schwere Arbeit insgesamt bei einseitiger Kost, ausgesetzt dem Rauch und der schlechten Luft in den zugigen Unterkünften, waren romantische Gefühle bei den Arbeitern wahrscheinlich nicht so häufig vorhanden wie so mancher Schriftsteller uns glauben machen wollte. Schon eher rauhe Scherze und die schnelle Faust bei Auseinandersetzungen! Es ist zu bedauern, dass man die alte Wällerhütte abgetragen und in

Reichraming wieder errichtet hat, anstatt sie an Ort und Stelle zu belassen. Dort, am Ausgang des Hetzgrabens nämlich, wohnten die Holzarbeiter und erreichten von hier aus ihre Arbeitsstätten im Hetzgraben, in der Hasel, im Jörglgraben oder im Keixengraben. Die alte Wällerhütte (die jetzige befindet sich nicht an der Stelle der alten!) stand an einem historischen zentralen Platz im Hintergebirge am Ausgang des Hetzgrabens. Dort wäre ein Holzknechtmuseum würdig und am richtigen Platz untergebracht. Leider findet man dort heute nur mehr die Fundamente und einige Mauerreste.

Vom Leben der Holzknechte

Frisch aussa wias drin is,
net kriachen am Bauch
In d' Augen schaun und d' Händ geb'n
is in Holzknecht sein Brauch. *(aus einem Lied)*

Ursprünglich und in manchen Gegenden bis ins 19. Jahrhundert herein war die Holzarbeit Sache der Bauern, die im Auftrag der Grundherren für Schlägerung und Bringung des Holzes verantwortlich waren. Der Holzhunger der eisenverarbeitenden Industrien, die anfangs ausschließlich Holzkohle verfeuerten, war gewaltig:

1857 z. B. verbrauchte die gesamte steirische Eisenindustrie 124.000 Tonnen Holzkohle, das entspricht 1,2 Millionen Kubikmetern und einer Waldfläche von rund 300.000 Hektar, das heißt rund einem Drittel der steirischen Gesamtwaldfläche. Ein Raubbau an der Natur ungeheuren Ausmaßes!

Dieser Bedarf ließ Teams von Professionalisten entstehen, die schnell und billig auch an weiter entlegene Holzberge herankamen. Holzknechte waren nicht nur für die Schlägerung des Holzes zuständig, sondern auch für die Bringung, was eine Reihe von sehr speziellen Tätigkeiten verlangte: Riesenbau, das Errichten von Steiganlagen, der Bau von Klausen, das „Schlitteln" im Winter, das Anlegen von Hütten und Unterkünften sowie eine Reihe von Tätigkeiten wie Kochen oder Herstellung und Wartung der Werkzeuge wurde von einem gestandenen Holzarbeiter verlangt.

Arbeitszeit und Entlohnung waren bis weit ins 20. Jahrhundert hinein schlecht geregelt und weitgehend der Willkür der Grundherren und Forstbetriebe überlassen.

Es ergibt heute keinen Sinn mehr, Löhne von damals mit heutigen zu vergleichen, zu verschieden sind die Ansprüche an die sogenannte Lebensqualität. Tatsache ist, dass beim Vergleich zwischen früher und jetzt Spitzenlöhne zu den besten Zeiten damals unter den Tarifen der Notstandshilfe für ungelernte Arbeiter heute lagen, zu den schlechtesten Zeiten damals war es ein Lebenskampf trotz härtester Arbeit, oft auch noch durch Schulden für das Allernotwendigste belastet.

Trotzdem ein Beispiel: Im Jahr 1917 konnte ein Holzknecht, wäre er nicht im Krieg, zwischen 200 und 250 Kronen verdienen. Ein Kilo Rindfleisch mit Zuwaage war um 6 Kronen zu haben, 1 Kubikmeter Holz für 21 Kronen.

Der Unterschied zu heute besteht vor allem in der Grundeinstellung zum Mangel. Damals war der Mangel allgemein – zumindest in den Reihen der Arbeiter und Lohnabhängigen in der Landwirtschaft, und es war eine von Generation zu Generation weitergegebene Tugend, mit Mangel umzugehen: die Kleidung durch Flicken in Ordnung zu halten, Gebrauchtes wieder zu verwenden, Geld zu sparen, wo es ging, bescheiden zu essen und zu wohnen. Man sah sich auch nicht leid, da ja alle aus demselben Stand mit denselben Problemen zu kämpfen hatten. Heute, wo in jedem Dorfladen die Glitzerwelt der Konsumparadiese durchscheint und elektronische Medien den Warenhimmel in den letzten Graben tragen, ist mit den Tugenden der Mangelverwaltung kein Staat mehr zu machen und vergleichbare Löhne von früher, die die damaligen Menschen durchaus zufrieden sein ließen, stellen für heutige eine drückende Belastung dar. Der Arbeitstag eines Holzknechtes im Jahre 1792 begann montags um 5 Uhr, an den übrigen Tagen um 4 Uhr. Bei einer Samstagsarbeit bis 12 Uhr kam man im Sommer auf eine Wochenarbeitszeit von ca. 70 Stunden, wobei die Pausen bereits abgerechnet sind. Überwacht wurde die tägliche Arbeitszeit von Dienstbeginn bis zum Feierabend um 19 Uhr von den Gerichtsdienern und auch den Jägern. Überliefert ist dieses Zeugnis menschlicher Plackerei durch eine Forderung der Holzarbeiter um Lohnerhöhung im Jahre 1792. Ergänzt wurde der schmale Lohn oft durch Deputate an Holz, Heu oder Garten.

„16 Stunden Arbeit im Sommer, im Winter oft auch nachts bei Mondschein", erzählen einige, „verlangten das Äußerste von uns!" Erst nach der Bildung von Gewerkschaften und Arbeitervereinen kam es zu geregelteren Arbeitszeiten.

In der Regel wurde die Arbeit von der sogenannten „Pass" getan, einer Gruppe von Holzknechten, die dem Passvorsteher unterstand und erst dann bezahlt wurde, wenn das benötigte Holz auf dem Lagerplatz stand. Oftmals holten sich Waldbesitzer fremde Holzknechtpassen, die auf eigenes Risiko und eigene Rechnung im Holz arbeiteten, besonders bei Windwürfen oder Käferkatastrophen. Der Forst musste dann nur mehr den Meterpreis für das gebrachte Holz bezahlen, ansonsten erledigten alles andere diese Arbeitsgruppen. Sogar für die Einrichtung von Bäckereien und Greißlereien in den Gräben oder auf den Almen sorgten diese Fremdarbeiter. Im Hintergebirge waren immer wieder Mannschaften aus Tirol, aber auch aus Slowenien tätig, die die einheimischen Holzknechte stark unter Druck setzten. „Treiben" nannte man diesen Konkurrenzdruck.

Da es damals noch keine Straßen ins Gebirge gab, musste die Pass während der Arbeitswoche im Wald wohnen. Dazu dienten die Holzknecht-Unterkünfte, von denen die wichtigste die bereits erwähnte Wällerhütte war. Dort bereiteten sich die Arbeiter auch ihr einfaches Mahl selbst, meist „Nocken", also in Schmalz gebackene Mehlklumpen oder Sterz, auch eine fettreiche Mehlspeise. Die „Küche" bestand aus einer offenen Feuerstelle mit zwei handgeschmiedeten Pfannen, eine für Fett, die andere für Wasser. Das Ganze ruhte auf dem „Gock", einem Eisengestell über der Glut. Der Teig wurde in einer hölzernen Schüssel angerührt mit dem sogenannten „Muaser".

Bei der anstrengenden Arbeit musste die Kost schon eine Weile anhalten und war dementsprechend kalorienreich und schwer. Arbeitsphysiologische Untersuchungen in den fünfziger Jahren ergaben, dass Holzknechte bei der Winterarbeit ca. 7000 Kalorien verbrauchten, während 4800 Kalorien schon dem Verbrauch an der durchschnittlichen Leistungsgrenze entsprachen. Klar, dass nur eine reine Kraftnahrung als Verpflegung geeignet war. Mindestinhalt eines Wochensackes: 1,5 kg Schmalz, 3 kg Mehl, 1 Laib Brot und ein Sackerl Salz.

Rechts: Reste der Zorngrabenklause, 1986 bereits ohne Dach. Das kleine Bild zeigt eine Hintergebirgs-Klause auf einem Reichraminger Notgeld-Schein der Zwischenkriegszeit.

Gutschein der Gemeinde Reichraming.
10
10

Triftsteige

Auf schwindelnden Pfaden: oben die „Hohe Stiege“ oberhalb der Großen Schlucht, rechts der einstige Steig in die Haselschlucht.

Abschnitte aus dem weiten Triftsteig-Netz im Hintergebirge.

Holztransport mit der langen Seilbahn von Weißwasser über den Dürrensteig-Kamm in die Klaus bei Kleinreifling.

Oben und rechts: die Seilbahnstation in Unterweißwasser (1922). Mitunter mussten Reparaturen in luftiger Höhe durchgeführt werden.

Eine mit Pferdekraft betriebene Einschienen-Hängebahn – ein Kuriosum unter den österreichischen Waldbahnen – und kurze, bergab führende Zubringer-Bahnstrecken aus den Seitentälern (die Leerwagen wurden händisch hinaufgeschoben) gewährleisteten den Holztransport zur Seilbahnstation (1922).

Hängebahn Weisswasser

Holzknechtleben in abgelegenen Hütten (Fotos der amerikanischen Besatzungstruppen, um 1950). Rechts unten die alte Wällerhütte bei der Mündung des Hetzgrabens, ein Zentrum der Holzarbeiter.

Nicht immer benahmen sich die Holzknechte so sittsam wie auf dem Foto oben oder beim Brunnbachwirt (rechts oben; 1922). Unten: eine Jagdpartie vor dem Wirtshaus. Nächste Seite: einer der vielen Holzkohlenmeiler im Hintergebirge.

LEOPOLD EBNER
Partie Killian

Der Tag begann mit einem Frühstück aus Milch oder Suppe mit Abbrennsterz. Manchmal gab es aber auch Gerstenkaffee zum „Nachtrinken“. Die Namen für die Köstlichkeiten von damals sind uns heute meist unbekannt, weil diese Speisen wegen ihrer Deftigkeit aus den Speisekarten verschwunden sind. Heftige Durchfälle wären die Folge, würde man diese Speisen so verzehren, wie es die damaligen Holzknechte taten. Das Wichtigste war, dass alle Speisen vom Fett, meist Schmalz, tropften. Dementsprechend viele Holzknechte litten an Magenerkrankungen.

Hier zur Erinnerung einige Speisen aus der Holzknechthütte und dem Duck (rindengedeckter Unterstand im Schlag)

Sterz: In Fett braun geröstete Mehlklumpen.

Tommerln, Bogerl und Nigl: einfache Auflaufspeisen, die im Anschluss an das Brotbacken in den Backofen oder in die Glut geschoben werden.

Säuerling: In Fett gebackene Mehlspeise mit Eiern und Sauerrahm.

Raunken: Mehl, Wasser, Salz und Fett gemischt im heißen Fett gebacken.

Farferl: Mehl, Salz mit versprudeltem Ei mischen und in kochende Milch einrühren.

Spatzen: Mehlteig in Löffelportionen ins kochende Salzwasser geben und anschließend in heißem Fett backen.

Schlicker: Spatzen mit anderen Zutaten (Schotten=Topfen, Erdäpfel, Zwiebeln)

Hasenöhrl: Gebackener, dünner Teig aus Erdäpfel und Mehlmasse.

Dampfnudeln: Keine Nudeln in unserem Sinn, sondern eine im Rohr zubereitete Germspeise ohne Ei-oder Milchzugabe.

Bei allen Süßspeisen wurde oft Buchen- oder Ahornsaft beigegeben, der besonders im Frühling von den Holzarbeitern eifrig gesammelt wurde.

Zum Abschluss ein Rezept, das fantastisch schmeckt, aber möglicherweise zu Verdauungsproblemen führen wird:

Rahmkoch: Süßrahm (Schlagobers) wird in einer Pfanne erwärmt, leicht gesalzen und mit so viel Mehl verkocht, bis es ein dicker Sterz wird. Die Masse muss in der Pfanne so lange geröstet werden, bis sie krümelig wird. Anschließend mit Zucker bestreut servieren! (Besonders köstlich mit frischen Beeren)

Liebe und Ehe

Bei dieser einseitigen Ernährung verlief das harte Leben der Holzknechte, die oftmals nach Feierabend auch noch Zeit hatten, ihr Dirndl auf einer der Almen zu besuchen. Rudolf Lehr berichtet zum Beispiel von einem Holzarbeiter, der nach der Arbeit fünf Stunden lang marschierte, um zu seiner Angebeteten zu gelangen. Natürlich musste er den Weg in derselben Nacht wieder zurückgehen, denn das Entfernen von der Pass war ja streng verboten. Strafen auf solche Vergehen waren durchaus üblich, so zum Beispiel musste öffentlich ein Rosenkranz gebetet werden und die Verfehlung vor der versammelten Gemeinde eingestanden werden.

Das Liebeswerben von Holzknechten war oftmals wenig zartfühlend oder einfühlsam. Es galt entweder, seinen Sexualtrieb zu befriedigen oder eine Frau zu finden, die einem die Wirtschaft führte, während man im Wald war. Erstes Auswahlkriterium war die Arbeitskraft, Schönheit oder Anmut spielten wenig Rolle. Die „Schiachen“ für die Arbeit, die „Schönen“ fürs Vergnügen, das waren bekannte „Sprüch“ über Frauen.

Das Kennenlernen war auf die spärlichen Dorffeste beschränkt und geheiratet wurde dann oft schnell, dafür aber waren Seitensprünge eher selten, schon allein aus Zeitgründen nicht möglich, vom Geld einmal ganz abgesehen.

Das Leben der Holzknechtfrauen war nicht weniger hart als das der Männer: viele Kinder, die Sorge um die Ernährung, meist eine kleine Landwirtschaft zur Betreuung, oft noch ein Schuldenberg bedrückten die Seelen der Frauen. Und bei einigen kam oft noch dazu, am Wochenende den besoffenen Mann gegen seinen Willen aus dem Wirtshaus heimzuholen und zu verarzten, wenn es eine Rauferei gegeben hatte. Zur Ehre der Holzknechte muss aber bemerkt werden, dass sehr viele auch treusorgende Familienväter waren, die am Wochenende Reparaturen am Haus ausführten oder Arbeiten in ihrer kleinen Wirtschaft machten. Das erstrebte Vorbild war für alle das freie Bauerntum, man trachtete danach, das Leben der Bauern in vielen Dingen nachzuahmen, so dass immer wieder versucht wurde, eine Wiese oder ein Stück Land dazu zu kaufen, sofern es doch einmal Geld dazu gab.

Auf Schulbildung wurde wenig Wert gelegt, traten doch oft schon Zwölfjährige den Weg in den Wald an, wo sie von einem erfahrenen Holzknecht in die Arbeit eingeführt wurden. Waren sie einmal bei der Arbeit, fragte kein Mensch mehr nach ihrem Alter.

Streit und Raufereien

Die freie Zeit wurde meist im Wirtshaus verbracht. Das war aber nicht immer ein Ort des netten Gespräches zwischen Arbeitskollegen: Neid, Hass und Streitsucht fanden oftmals im Alkohol ihren Befreier aus der Gefangenschaft der Beherrschung, und so waren Wirtshausraufereien an der Tagesordnung erholsamer Sonntage. „Wann net graft wird, iss net lustig"

sagte der Volksmund. Anlässe für tätliche Auseinandersetzungen gab es genug: politische Streitereien, regionale und nationale Konflikte zwischen den Passen lieferten reichlich Zündstoff. Eine Geschichte erzählt von einer Fehde zwischen Holzknechten, die ihren Abschluss im Wirtshaus in Brunnbach fand: Eine kleine Gruppe saß am Fenstertisch und unterhielt sich, als plötzlich ein riesiger Felsmugel durch das Fenster - Rahmen und Glas mit sich reißend - auf den Tisch donnerte und die Tischplatte krachend zerschlug. Es muss den Berichten nach dabei schwere Verletzungen gegeben haben.

Soziale Absicherungen

Ärztliche Betreuung war bei den Holzarbeitern aus finanziellen Gründen oft nicht möglich oder konnte, bei absoluter Notwendigkeit, bis zum Ruin (Verkauf der Keusche usw.) führen, da es nur ungenügende soziale Absicherungen gab.

Unfälle im Wald waren wegen der Unzugänglichkeit der Gebiete immer dramatisch und wirksame Hilfe konnte oft erst Stunden später nach einem schwierigen, meist Schmerz bereitenden Transport geleistet werden. Konnte keine entsprechende Hilfe z. B. wegen Geldmangels erbracht werden, so war der Tod oder eine lebenslange Verkrüppelung die Folge. Die Maßnahmen an Erster Hilfe nach einem Unfall waren auf die in der Natur auffindbaren Mittel beschränkt. Lärchenharz galt als Wundermittel gegen Eiterungen bei offenen Verletzungen: „Lärchenharz mit Schmalz überm Feuer verrührt und über die Wunde geschmiert", erklärt ein Holzknechtveteran in G. Retteneggers (sehr empfehlenswerten) Werk „Holzknechte". Aber auch fragwürdigere Therapien führt er an: auf die Wunde urinieren, Spitzwegerichblätter darauf und verbinden, das heilt. Als Wundauflagen werden noch Ampfer-, Huflattich- oder Pestwurzblätter empfohlen.

Sogenannte Probearbeiter beim Forst waren nicht nur schlecht bezahlt, sondern für sie gab es auch keine Krankenversicherung im Gegensatz zu den Angestellten. Die meisten Arbeiter waren aber Mitglieder einer privaten Selbsthilfeorganisation, der „Damberger Lade", die ihren Sitz in Reichraming hatte und - je nach Länge der Mitgliedschaft - bescheidene

Pensionen bei Erwerbsunfähigkeit ausbezahlte: 60% Unterstützung durch 4 Wochen bei einem Arbeitsunfall, 35% Altersrente vom letzten Lohn.

Aus den Holzknechten von einst sind Forstarbeiter geworden, die mit dem Auto in den Wald fahren und ihre immer noch schwere Arbeit mit der Motorsäge und anderen modernen Geräten ausführen, ausreichend krankenversichert und pensionsberechtigt sind. Sie wohnen nicht mehr wochenlang im Wald, braten keine Mehlklumpen mehr im Schmalz an der offenen Feuerstelle und beziehen ihr Gehalt durch ein Gehaltskonto des örtlichen Bankinstitutes.

Die Sprache

Und auch ihre alten Ausdrücke werden vielleicht bald nicht mehr verstanden werden, oder nur mehr als „Holzknechtlatein" eines aussterbenden Berufszweiges. Im Folgenden erklären uns Rudolf Kusché, Hugo Tannwalder und Ferdinand Kohlmayr einige dieser Fachausdrücke:

Nach dem Schlägern lag das im Sommer geschlagene Holz, das gsimmerte Holz, in Strähnen von oben nach unten. Die Schneider hatten es mit der langen Zugsäge gefällt und durchschnitten. Keile, die sie dabei brauchten, nannten sie Bauern, wenn sie groß waren; kleine Holzkeile hießen Spatzen.

Der Putzer entastete die Bäume, nun lagen sie „ogsturlt oder ogspatzt" da. Der Schepser, Schinter oder Lanftentommerl, wie sie ihn auch nannten, entrindete sie. Sein Werkzeug war das Schintreidl mit dem Lanftenreißer daran. An den Waldsaum und zwischen die Strähn warf man die abgeschlagenen Äste auf eine Astersag zusammen, die Steirer sagen da: ein Fratten. Damit die Stämme an den Enden nicht aufschieferten, wurden sie „zuagschlagen"; die Faser, die dabei entstand, hieß der Spranz. Überhaupt kennt man dem Bloch und dem Baumstrunk auf einem Schlag an, ob sachgemäß oder hadermäßig gearbeitet worden ist. Wenn z. B. ein Baum beim Fällen ausfährt, bleibt am Stock eine Art Stuhllehne stehen - in der Steiermark nennen sie das einen Jagersims. Den gefällten Baum machte das fehlende Stück minderwertig.

Lag das geschlägerte Holz in großer Höhe, musste es auf der Erde oder auf Riesen zu Tal gefördert werden. Solche Holzriesen führten oft über

Schluchten, an Steilhängen und über kurvenreiches, unterschiedliches Gefälle. Dem allen mussten die Riesenbauer eine Riese anpassen. Sie stand gewöhnlich auf zwei und zwei Stehern, dem Hengstl, darüber lag das Joch und darauf nagelten sie die Riesbäume. Damit die Bloch nicht seitlich ausfahren konnten, befestigten sie links und rechts besonders starke Bäume, die Sattler, in einer Kurve erhielt der außenliegende Sattler einen Übersattler. Lag die Riese an einem Steilhang, brauchten sie nur einen Steher, die anderen Stütze bildete der Hang. Dieser eine Steher wurde mit einer oder mehreren Lanzen gespreizt.

Und nun zur Riese in Betrieb: Am unteren Ende, dem Auswurf, stand der Holzmeister mit den Seinen, auch Riesmeister genannt; sie richteten den Rennhaufen der ankommenden Hölzer mit den Sappeln an. Wenn damit zwei Mann, ein jeder von einer Seite, ein Bloch angriffen, nannten sie das ohrwascheln. An unübersichtlichen oder gefährlichen Stellen der Riese stellten sich die Standler auf. Sie hatten das Holz mit den Sappeln in Gang zu halten oder zu entwirren. Ganz oben standen die Einlasser. Da eine solche Riese bis zwei Kilometer lang und vielfach gewunden sein konnte, hatten die Holzknechte einen eigenen „Sprechfunk" entwickelt. Es waren das althergebrachte Rufe und Kommandos, die nicht willkürlich abgeändert werden durften. Das Oberkommando führte der Riesmeister unten. Er ordnete an, wenn das Holz von oben abgelassen werden sollte und rief: Holz na Tal! Die Standler nahmen den Ruf auf und gaben ihn nach oben weiter. Der Einlasser rief „hör die wohl" und gleich nach dem Ablassen „is schon abi da". Diesen Ruf gaben die Standler wieder weiter nach unten. Hatte sich aber am Rennhaufen oder unterwegs etwas gespießt, hieß es: aufhab! War der Schaden behoben, dann durfte wieder „Holz na Tal" fahren. War ein besonders unpachtes Holz darunter, dann warnten die Ablasser und die Standler: „a wilder, a ganz a wilder, a haler (glatter)". Bei einem ganz Wilden fügten sie zur besonderen Warnung hinzu: „weitum weich o!". Da wusste jeder Standler, dass er sich womöglich hinter einem Baum in Sicherheit bringen mußte. Am besten lief das Holz bei Regen oder bei einer Glätt (eisige Glätte), gar nicht bei Wind und Sonne. Im Holzschlag und an der Riese trugen alle Holzknechte zehnzackige Fußeisen, das machte an einem Fuß mitsamt dem Schuh 1,70 kg.

Nicht immer brauchte man zum Holzen Riesen. Das Holz fuhr dann in Gräben und Rinnen, über Halden ohne Bahn zu Tal. So zu holzen, fürchteten die Holzknechte oft mehr als das Riesen, besonders wegen des Steinschlages. Ein kleiner Stein, von einem solchen Bloch geschleudert, konnte wie ein Schuss wirken. Zu Unfällen konnte es besonders leicht kommen, wenn zwei Partien zu knapp nebeneinander holzten, sodass die Kommandos des einen Trupps die des anderen störten und zur Verwirrung beitrugen.

Die alten Holzknechte wohnten die ganze Woche hindurch in ihrer Hütte. War es von dieser ein weiter Weg zum Schlag, bauten sie sich dort eine Laufthütte, einen Duck, als Unterstand. Er hatte keine Wände wie die Hütte, das Rindendach ruhte auf dem Erdboden. Mitten in der Holzknechthütte stand der Herd mit dem offenen Feuer, der Ess, wie die Steirer sagen. Daran hatte jeder der sechs Männer seinen eigenen Platz. Im Herdkranz steckte ein Biedl oder Gock, ein Holz- oder Eisengestell zum Pfannenhalten (heute beliebtes Sammelobjekt). In der Pfanne schwammen oder brutzelten die oben beschriebenen Schmalz-Mehl-Speisen. Was der Holzknecht an Zutaten gab, hatte er sich am Sonntag auf einer Spitzkraxen in seinem Stöckl heraufgetragen. Zur Ruhe legten sich die Holzknechte im hinteren Teil der Hütte auf das Bogerat, ein Gestell mit sechs Liegestätten. Manchmal mussten sie auch mit Fluggrass vorlieb nehmen - das waren ein einjähriges Nadelbaumtriebe, die so weich und leicht waren, daß sie noch im Wind flogen - oder sie lagerten überhaupt im Freien, nur mit dem Mantel zugedeckt. Ordnung in der Hütte hielt der jüngste Holzknecht. Vor dem Aufstehen holte er schon Wasser herbei in den zwei Lageln, die am Eingangsende des Herdes ihren Platz hatten. Wenn er Glück hatte, war es kein weiter Weg zur Quelle. Auch für das Feuer musste er sorgen. Sie nannten ihn den Geimel. Auf etwas achtgeben hieß in alter Zeit „goumen".

Das war das Leben der alten Holzknechte, hart, schwer, gefährlich und entbehrungsreich. In einem Kastlladel liegen noch alte Fotos aus der Holzknechtzeit. Da sitzen sie nach der Arbeit mit ihrem Holzmeister Ferdinand Kletzmayr vor dem Duck. Im Hintergrund der Schlag mit den Astersauen und Strähnen. Sie schauen uns ernst an. Und trotzdem ließen sie darüber schreiben: „Die lustigen Holzknechte". Werden unsere Nachkommen auch einmal in einem Ladl ein Bild finden, wo oben steht: „Die lustigen Bauarbeiter vom Schwermaschineneinsatz der Bundesforste" ...?

Die Reichraminger Waldbahn

Seit dem 14. Jahrhundert wird Holz aus dem Reichraminger Hintergebirge gebracht. Besonders wichtig war das Holz für die eisenverarbeitende Industrie in der zweiten Hälfte des 19. Jahrhunderts. Die Schmelzöfen und die Essen der Hammerwerke wurden fast ausschließlich mit Holzkohle befeuert, und für die Verkohlung war die äußere Qualität des Holzes gleichgültig. Daher war das Triften oder Schwemmen die billigste und beste Methode, den begehrten Rohstoff heranzubringen.

Das war solange rentabel, wie die Industrie Holzkohle brauchte. Nach Umstellung auf Feuerung mit Steinkohle ging der Holzabsatz stark zurück. Neue Abnehmer mussten gefunden werden. Zur Bringung von Bauholz war wegen der starken Beschädigung der Stämme das Triften nicht die geeignete Methode. Der geringe Erlös des Schwemm- und Triftholzes ließen die Trift unwirtschaftlich werden.

So entschloss man sich im Jahre 1912, eine Waldbahn in das holzreiche Hinterland zu errichten. Zu bauen begann man aber erst sieben Jahre später, als es in den Wäldern zu einem katastrophalen Borkenkäferbefall gekommen war. Eine Million Festmeter Holz musste geschlagen werden, der Abtransport war aber wegen des Arbeitskräftemangels nicht möglich. Zu viele Männer waren im Krieg. Das Käferholz drohte aber zu verrotten. So war der Bau einer Waldbahn ein Gebot der Stunde. Am 31. 1. 1920 wurde der Waldbahnbetrieb behördlich genehmigt. Die erste Streckenanlage mit einer Spurweite von 760 mm verlief von der Schallau bei Reichraming bis Brunnbach mit einer Stichbahn ins Weißenbachtal. Gefahren wurde anfangs mit Dampf, die Lokomotiven hießen nach ihren Zielorten „Schallau“ und „Brunnbach“.

Aus den anderen Seitentälern musste weiter getriftet werden, weil damals unüberwindliche technische Schwierigkeiten den Weiterbau unmöglich machten.

Wegen der großen Schadholzmenge musste die Bahn 1922 jedoch ausgebaut werden, eine Verbindung zwischen der Schallau und dem Ennstalbahnhof Reichraming war notwendig geworden. Bis dahin bestand auf der Waldbahn Tag- und Nachtbetrieb. Auch die Triftanlagen waren ständig in Betrieb, um die ungeheure Menge Holz aus dem Gebirge herauszubringen. Unfallberichte aus dieser Zeit zeigen die wirkliche Größe dieser Katastrophe: Die Schwemmebene vor der Großen Klause war so mit Holz gefüllt, daß nach Abschlagen der Klause die Stämme sich nur verkeilten, aber nicht weggerissen wurden. Ein Holzknecht kletterte auf die Stämme und versuchte sie zu lösen, was ihm auch gelang. Er jedoch wurde von den gelösten Baumstämmen mitgerissen. Man fand keine Spur mehr von ihm.

1936 kam das endgültige Ende der Holztrift, und aus dem Hintergebirge konnte nun kein Holz mehr gebracht werden. 1938 bis 1942 wurde an der Trassierung und dem Unterbau einer Bahnanlage entlang des Großen Baches gebaut. Nach einer Pause von fünf Jahren ließ der große Holzmangel nach dem Krieg die Fortführung der Arbeiten geraten erscheinen und 1951 war das Werk fertig - eine wahrhaftig großartige Anlage mit einer Streckenlänge von insgesamt 40,7 km und 19 Tunnels .

Zwischen dem 1. April und dem 30. November jeden Jahres war auch ein beschränkt-öffentlicher Verkehr auf der Waldbahnstrecke möglich. Dazu hatte man Personenwagen angeschafft, die bei Schlechtwetter in den Zug eingegliedert wurden. Die Bahn hatte übrigens zwei Endstationen: Die eine war bei der Wällerhütte, die zweite in Weißwasser in der Nähe der Bauxitbergwerke. Waldbahnbetrieb war Montag bis Freitag von 6 bis 18 Uhr.

Der Bahnbetrieb war ein kostspieliges Unternehmen, da jedes Jahr große Reparaturarbeiten an der Strecke unternommen werden mussten - Lawinen und Muren verursachten immer wieder große Schäden. Auch die Fahrzeuge waren reparaturanfällig und so wäre eine Generalsanierung der Waldbahn Ende der sechziger Jahre dringend nötig gewesen. Die errechneten Kosten für diese Sanierung ließen aber die Befürworter einer Forststaßenanlage Oberhand gewinnen und so war das Schicksal der Reichraminger Waldbahn besiegelt: Am 2. Juni 1971 ratterte der letzte offizielle Waldbahnzug über die Strecke.

Nach den Demontagearbeiten wurde sofort mit dem Bau der Forststraße begonnen. Leider legte man beim Bau dieser Straße keinen Wert auf die Erhaltung der landschaftlichen Schönheit - im Gegenteil: Ein rücksichtsloseres Vorgehen wäre nicht mehr möglich gewesen! Ein Zerstörungwerk riesenhaften Ausmaßes wurde begonnen, manche Wunden dieser Barbarei werden nie mehr verheilen. Damit sei keineswegs die Notwendigkeit von Straßen für die Forstwirtschaft bestritten, angeprangert

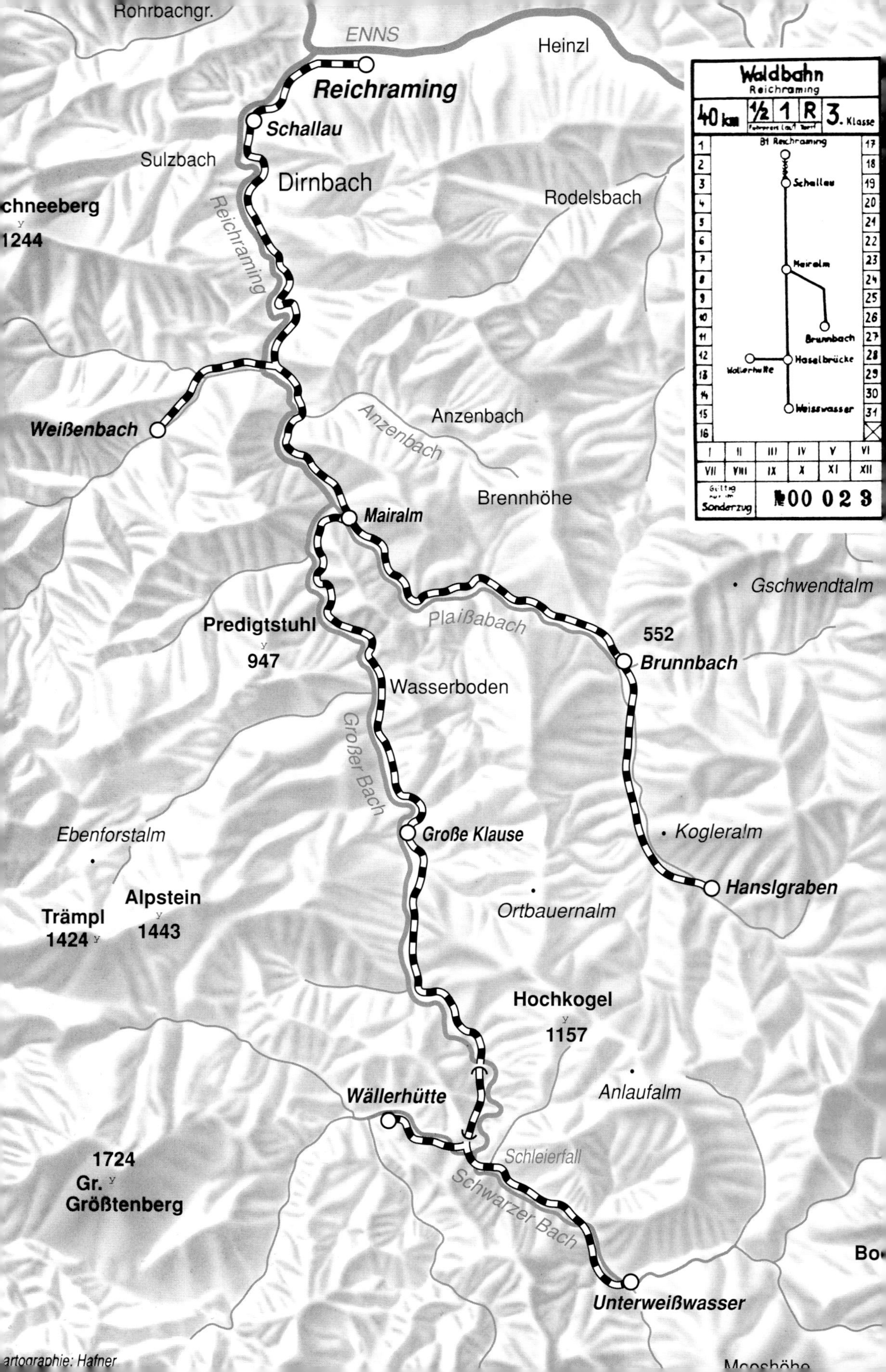
Rohrbachgr.
ENNS
Heinzl
Reichraming
Schallau
Sulzbach
Dirnbach
Reichraming
chneeberg
1244
Rodelsbach
Weißenbach
Anzenbach
Anzenbach
Brennhöhe
Mairalm
Gschwendtalm
Predigtstuhl
947
Plaißabach
552
Brunnbach
Wasserboden
Großer Bach
Große Klause
Ebenforstalm
Kogleralm
Hanslgraben
Alpstein
1443
Trämpl
1424
Ortbauernalm
Hochkogel
1157
Anlaufalm
Wällerhütte
Schleierfall
1724
Gr. Größtenberg
Schwarzer Bach
Bo
Unterweißwasser
artographie: Hafner
Waldbahn
Reichraming
40 km
½ 1 R
3. Klasse
B1 Reichraming
Schallau
Mairalm
Brunnbach
Haselbrücke
Wällerhütte
Weisswasser
Gültig nur im Sonderzug
№00 023

Holz auf Schienen

Links: Das gesamte Streckennetz der ehemaligen Waldbahn samt Fahrschein.

Ein „Bahn-Methusalem“ und Vorläufer der Reichraminger Waldbahn: die Holzeisenbahn am Jausenreitboden in der Nähe der Ebenforstalm (oben ein Foto aus dem Jahr 1891).

Der Bau der Waldbahn

Oben: beim Bau der Reichraminger Waldbahn: Der Einschnitt beim Rabenbach entsteht. Rechts: die erste Endstation in Brunnbach. Nächste Seite: die Lokomotive „Schallau" der Firma Krauss, Baujahr 1920, mit der stolzen Mannschaft eines Langholzzuges.

Die Lokomotive „Brunnbach“, Baujahr 1920, Fabriksnummer 1192 (oben). Rechts unten eine 1907 für die k.u.k. Heeresbahn gebaute Lok der Reihe 3.01, die 1922 ins Burgenland verkauft wurde. Auf der Waldbahnstrecke passierten immer wieder Unfälle, wie das rechte obere Foto aus dem Jahre 1921 zeigt.

Waldbahn

Draisinen

Seltsame Gefährte im Wald:
zwei Draisinen im Hintergebirge (um 1920).

Die Waldbahn, Ende der 1960er Jahre im Bahnhof Reichraming (oben) und bei der Zufahrt im Bereich der Ennsbrücke (rechts oben ein Sonderzug mit zwei Personenwaggons am 6. 9. 1969). Damals wurden die Züge bereits von Dieselloks gezogen.

Ein Waldbahnzug in der Schallau (oben) und in Brunnbach (rechts oben). Rechts unten ein Motiv von der Holzverladung im Hintergebirge.

Ein Arbeiterzug bei der Mündung des Wilden Grabens (1963, oben). Rechts ein Waldbahn-Motiv aus der Großen Schlucht.

Es war einmal: die letzte Fahrt der Reichraminger Waldbahn im Jahre 1971 (oben). Rechts oben noch ein Motiv vom Eingang in die Große Schlucht, rechts unten die alte Bahntrasse beim später abgerissenen Föhrenbachsteg.

Parallel zur Waldbahn brachten auch schon Lastkraftwagen das Holz aus dem Hintergebirge: zwei „Oldies“ aus den 1920er Jahren, aufgenommen in der Klaus bei Kleinreifling. Nächste Seite: der Preis für die Holzbringung per LKW: ein mehrere hundert Kilometer langes Forststraßennetz, das leider auch solche Auswüchse zeigt.

wird nur die brutale Art des Baues und ihre rücksichtslose Anlage. Durch die Schaffung des Nationalparks haben sich aber auch hier einige Neuerungen ergeben, die Besserungen erhoffen lassen. So werden die Bundesforste etwa 40 km Forststraßen in der Kernzones des Gebietes auflassen und damit der Natur zurückgeben.

Die Reichraminger Waldbahn war übrigens nicht die einzige Anlage dieser Art im Hintergebirge: Lange vor der Jahrhundertwende hielt das Messingwerk Reichraming auf dem Plateau des Zöbel eine Holzförderbahn in Betrieb. Es gibt aber keinerlei Unterlagen über diese Anlage, so dass man außer von ihrer ehemaligen Existenz nichts mehr weiß. Eine andere Waldbahnstrecke war für die Holzbeförderung von Weißwasser zum Bahnhof Kleinreifling bestimmt. Nach der bereits erwähnten Käferkatastrophe entschloß sich die Forstverwaltung Weyer zum Bau einer Holzbringungsbahn zwischen der Ladestelle Auerhammer und Kleinreifling mit einer Streckenlänge von 3,2 km. Von Weißwasser bis zur Verladestelle wurde eine etwa 11 km lange Materialseilbahn eingerichtet. 1928 ereilte die Waldbahn Kleinreifling dasselbe Schicksal wie letztlich alle 76 österreichischen Waldbahnen: Sie wurde eingestellt und ihre Anlage demontiert.

Die Winkelschule von Brunnbach

Holzarbeitersiedlungen waren oft nicht nur im Wald autark, oft mußten auch größere Gemeinschaften ohne Hilfe des Staates auskommen. So zeugen zum Beispiel die Berichte von der Winkelschule in Brunnbach von der Selbsthilfe der Bewohner.

Vor der Gründung einer staatlichen Schule im Jahre 1887 wurden die Kinder des Dorfes von Holzknechten unterrichtet, deren eigene Bildung auch nicht viel über die Kenntnisse des Lesens und Schreibens hinausgegangen war. Diese Selbsthilfe war notwendig, weil die für die Ortschaft zuständige Schule in Großraming für die Kinder zu weit entfernt lag.

Anfangs unterrichtete ein durch einen Unfall arbeitsunfähiger Holzarbeiter, dann der Holzknecht Johann Schwaiger und schließlich der als Waldschulmeister bekannt gewordene Forstarbeiter Johann Gsöllpointner. Er erteilte Unterricht im Lesen und Schreiben, in der Religion und im Rechnen - allerdings nur subtrahieren und addieren, denn mehr konnte er selbst nicht. Trotzdem ist die Leistung dieses einfachen Mannes nicht hoch genug zu schätzen, wenn man weiß, mit wieviel Fleiß der Mann sein Wissen weitergab: So fertigte er beispielsweise sämtliche Unterrichtsbehelfe an und schrieb Lesetexte für die Kinder selbst ab. Im Steyrer Heimathaus sind einige seiner „Lehrbücher" erhalten geblieben.

Kein Geringerer als der damalige Schulinspektor Adalbert Stifter bemühte sich um eine Änderung der Winkelschulzustände in Brunnbach, doch blieben seine Bemühungen bis 1887 erfolglos. Erst dann wurde der „Waldschulmeister" Johann Gsöllpointner von einem geprüften Lehrer abgelöst. Am 7. April 1903 starb Gsöllpointner im Alter von 86 Jahren und wurde unter aufrichtiger Trauer und in tiefer Dankbarkeit von Eltern und Schülern zur letzten Ruhe geleitet.

85 Jahre später, lang nach der Beendigung der Auseinandersetzungen um das Speicherkraftwerk, ereilte die Brunnbachschule übrigens ein skurriles Schicksal: Ein Verein, in dem auch ehemalige „Hintergebirgler" aktiv waren, bemühte sich um den Ausbau des kleinen Gebäudes unterhalb der Brunnbacher Kirche zu einem Bildungshaus für angewandte Umwelterziehung. Konzeption, Finanzierung durch Bund und Land sowie ein Optionsvertrag mit den Besitzern waren bereits unter Dach und Fach - da

Die Brunnbachschule

Vorhergehende Seite: zweimal Brunnbachschule – oben vor der jüngsten Adaptierung zum Bildungshaus, unten eine historische Aufnahme des alten Schulhauses. Oben: Erinnerungen an den „Winkelschullehrer" Johann Gsöllpointner und seine liebevoll gemachten „Lehrbehelfe" (rechts).

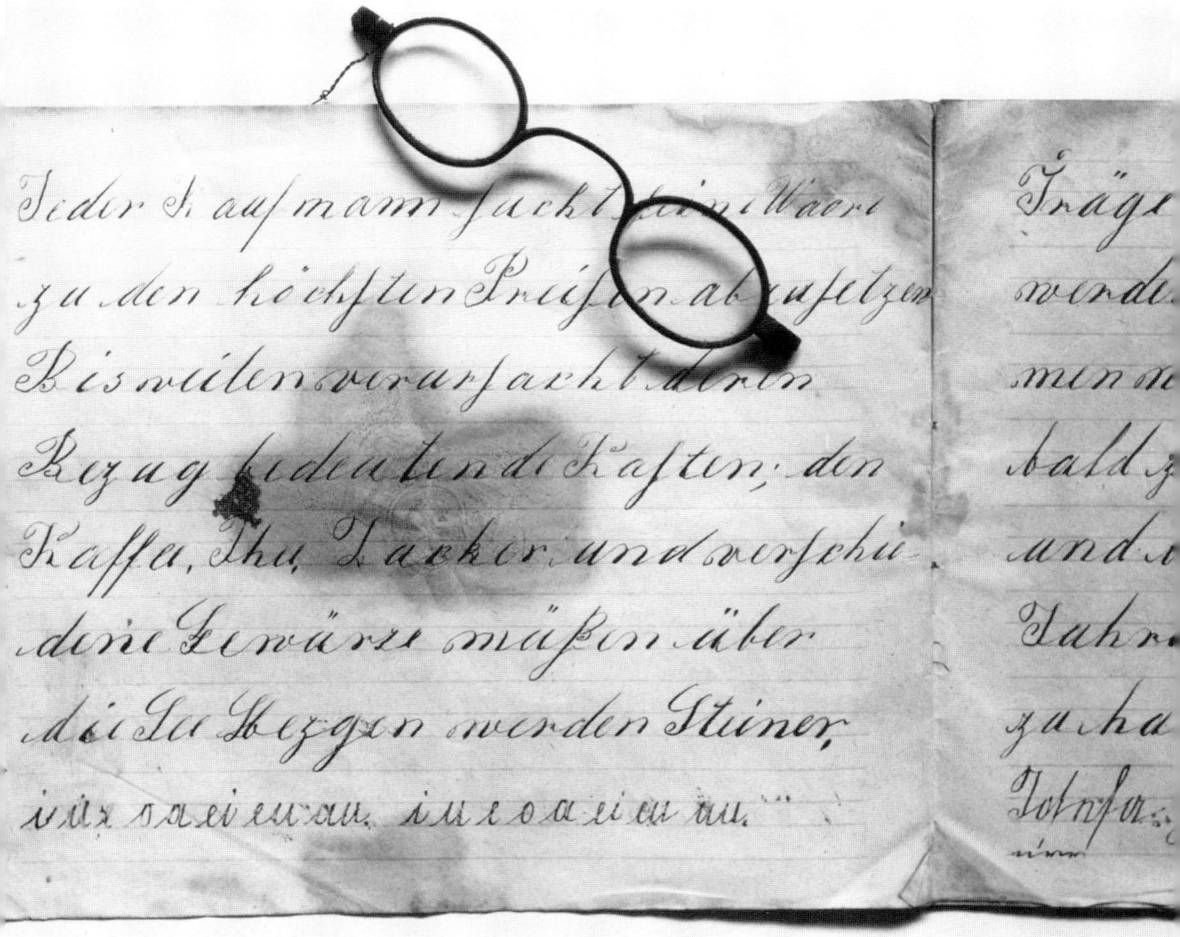

schlug die Kraftwerksgesellschaft um mehr als den doppelten Preis zu: Eine späte Rache - oder eine vorbeugende Maßnahme, um den Grünspechten bei einer Neuauflage der Kraftwerkspläne keine Parteienstellung an der Stauwurzel zukommen zu lassen? In der Folge dämmerte das Haus jedenfalls jahrelang ungenutzt dahin, bis sich der inzwischen etablierte Nationalpark endlich seiner annahm: Nun ist die einstige „Winkelschule" tatsächlich wieder zu einer Stätte der Bildung und Begegnung geworden.

Von der erlaubten und der verbotenen Jagd

In einem riesigen Waldgebiet wie dem Hintergebirge lebt viel Wild – zur Freude der Jäger und in früheren Zeiten auch der Wilderer. Rotwild, Rehwild und Gamswild sind dort schon immer stark bejagt worden, wurden aber in den letzten Jahren mehr und mehr zum Zankapfel zwischen Jägerschaft und Forstbeamten. Es ist die Naschhaftigkeit des Wildes nach frischem Grün, das die Grünröcke entzweit. Die Förster behaupten, junge Bäume könnten nicht aufkommen, weil die gefräßigen Waldbewohner die Spitzen der Pflanzen verbeißen. Daher schreiben die Behörden den Jägern hohe Abschusszahlen vor, um die Fresser kurz zu halten. Da unter hohen Abschusszahlen oft auch Totalabschüsse zu verstehen sind, muss man Verständnis für die Jäger aufbringen, die diese Vorschriften gar nicht gerne sehen und auch offen dagegen protestieren. Besonders der Laubwald könne nicht wachsen, meinen die Förster, und man würde ihnen beinahe schon glauben, wäre man nicht kurz vorher durch einen Schlag mit frischer Baumbepflanzung gewandert: Fichten in Reih und Glied lassen eigentlich nichts von der Absicht erkennen, dort wieder mehr Mischwälder aufkommen zu lassen. Ober man hört gar den Namen, welchen manche Förster für Laubgehölze haben: „Baumunkraut". Und so wird es auch behandelt. Mit Abschälen der Rinde, mit Gift und Entlaubungsmitteln wird ihm zu Leibe gerückt – dem „Unkraut".

Es soll hier gar nicht das Argument des Baumverbisses durch des Wild entwertet werden, es hat seine Berechtigung. Aber die Ursachen dafür sind sicher auch im jahrelangen Kampf der Waldbesitzer gegen den Laubwald und der Forcierung der Fichtenmonokulturen zu suchen. Eine Lösung dieses Problems wird mehrere Seiten zu beachten haben, denn einen Wald ohne Wild wird niemand wollen, weder Jäger noch die Förster.

Die Jagd im Nationalpark

Auch hier bietet der Nationalpark einen Ausweg durch einen eigenen die Jagd betreffenden Managementplan an: Es gelten dort andere Abschusszeiten wie im übrigen Oberösterreich. So wurden zwei Ruhezonen geschaffen, und zwar vom 15. Dezember bis zum 30. April und vom 15.

Juni bis zum 31. August. Die Winterschonzeit soll den Jagddruck auf das Wild verringern, dadurch den Gesamtenergieverbrauch der Tiere senken und so den Verbiss an Laubgehölzen hintanhalten. Ein Drittel der Nationalparkfläche ist ganzjährig Ruhezone, vor allem über der Waldgrenze wegen des Gams- und Rotwildes. In den übrigen Zonen wird in Intervallen in verschiedenen Zonen schwerpunktmäßig ein bis zwei Wochen gejagt. Im Übrigen werden Hirsche und Böcke, die älter als ein Jahr sind, überhaupt geschont. Man will mit dem Abschuss von 300 bis höchstens 600 Stück auskommen. Der bisherige Durchschnitt lag bei 650 Stück.

Durch all diese Maßnahmen möchte man langfristig ein für einen Naturwald erträglichen Wildbestand schaffen.

Die Wilderei – Jagd aus Leidenschaft oder aus Not?

Oft hat ihm geträumt vom prächtigen Hirsch,
Drum ging er abends so gern auf die Pirsch.
Er schwärzte sich an mit Fett und mit Ruß,
Da gab's mit den Jägern natürlich Verdruss.
(unbekannter Dichter aus Reichraming)

Heute gehört er der Vergangenheit an, der Geselle mit dem geschwärzten Gesicht und dem zerlegbaren, im Wald versteckten Gewehr. Wahrscheinlich haben ihn oft Jagdleidenschaft und Abenteuerlust in den Wald getrieben, sicher aber auch manchmal die Not und das Verlangen, seiner Familie einmal ein Stück Fleisch in den Topf legen zu können.

Für die Jäger war es schwer, einen Wilderer im unwegsamen Gebiet zu stellen oder zu verhaften. Zu günstig waren die Fluchtmöglichkeiten und zu locker der Finger am Abzug der Wildererwaffe. Einige im Volksmund gebräuchlichen Namen wie Wildererreck oder Wildererselche erinnern uns an diese rauhen Zeiten. Am sogenannten Wildererreck soll sich vor 40 Jahren eine tragische Szene abgespielt haben, als ein Jäger dort zwei Wilderern begegnete und keine Gelegenheit mehr hatte, das Gewehr in Anschlag zu bringen. Die beiden überwältigten ihn und schlugen auf ihn ein, bis er dem einen den Knicker (Jagdmesser) in den Bauch stoßen konnte. Das hatte denn doch zur Ernüchterung der Kämpfer beigetragen: Gemeinsam

Oft gemalt und gezeichnet, aber kaum jemals wirklich dokumentiert: das Treiben der Wildschützen (romantisierende Zeichnung aus dem 19. Jahrhundert).

verbanden Wilderer und Jäger den Verletzten und wollten ihn ins Tal hinaustragen. Aber fünf Stunden Transport ertrug der Verletzte nicht und starb auf halber Strecke.

Der Tod des Hias Schwarz

Diese tragische Wildererepisode ist bis heute unvergessen und die Erinnerung an den im Jahre 1879 verstorbenen Wildschützen wird durch ein Marterl in Anzenbach wachgehalten: Am 19. September 1990 lud ein Aktionskomitee „Marterl für Schwarz Hias" zur Einweihung mit Feldmesse eines solchen Gedenkkreuzes in Anzenbach, das an den Wildschützen Matthias Schwarz erinnern sollte, der im Jahre 1879 bei einem Kampf mit einem Jäger so schwere Verletzungen davongetragen hatte, dass er daran gestorben ist. Im Anschluss an die Einweihung des Marterls gab es sogar eine Feier mit Lesung, Ortsmusik und Bürgermeister im Gasthaus Weberndorfer. Und so hat sich den Erzählungen eines direkten Nachkommen nach diese Tragödie zugetragen:

Mit dem Hias Schwarz befanden sich am 14. September 1879 Michael, Josef und Leopold Schmidthaler sowie Josef Felbauer auf einem Pirschgang im Anzenbachrevier, einem Lambergischen Jagdrevier. Nachdem sie abends einen Spießer und einen Sechsender geschossen, ihre Waffen in einer Hütte beim sogenannten „Anstückl" versteckt hatten und das erlegte Wild versorgt hatten, wurden sie auf dem Heimweg vom Förster Kupfer und den Jägern Hubmer und Neubacher gestellt mit dem Ruf „Halt, ihr verfluchten Wildschützen, ihr Himmelsakramenter!" Es kam zu einer Rauferei mit Einsatz der Bergstöcke. in deren Verlauf die Wilderer die Flucht ergriffen. Obwohl der Förster Kupfer mäßigend auf die Streitparteien einwirken wollte, war der weitere Verlauf verhängnisvoll. „Wart, Rabnviech, i schiass di nieder!" schrie ein Jäger und ein Schrotschuss streckte den Matthias Schwarz aus einer Entfernung von etwa 10 Schritt von hinten nieder. An den Folgen dieser Verletzung - 29 Schrotkugeln steckten im Rücken - verstarb der Verletzte schließlich am 20. September 1879 im Krankenhaus Steyr. Dem vernehmenden Staatsanwalt hat er vorher noch den Jäger Cajetan Neubacher als Todesschützen angegeben. Die Jäger selbst schoben sich die Tat gegenseitig zu. Die Wilderer gestanden in weiteren Verhören den Wilddiebstahl (ein Wert von 66 Gulden), ihre unbedingten Strafen fielen zwischen 4 Monaten und 1 Jahr Haft aus. Die Jäger kamen mit bedingten Strafen unbekannter Höhe davon.

Oft schlossen sich Wilderer zu größeren Gruppen zusammen und waren so für die Jäger gefährlicher, noch dazu, weil sie in der Bevölkerung Unterstützung fanden und auch versteckt wurden, wenn es notwendig war. Jäger waren als „Häscher" nicht beliebt, manchmal wurden sogar ihre Kinder in der Schule von den Kameraden verspottet und mussten sich so manchen Fußtritt gefallen lassen. Mit so einer Wildererbande musste auch einmal ein Jäger auf der Stöfflalm Bekanntschaft machen, als er einen Wildschützen beim Aufbrechen eines Stückes Rotwildes ertappte. Er legte sein Gewehr auf ihn an und forderte ihn auf, mitzukommen. Plötzlich war er von einem Kreis drohend auf ihn gerichteter Gewehrläufe umgeben und konnte nur mehr den Rückzug antreten.

Rache an besonders „scharfen" Jägern und Förstern war durchaus üblich. Im Sommer 1932 wurde der als Wildererschinder bekannte Förster Lugner von hinten erschossen und von den Wilderern wie ein Stück Wild auf der Stange getragen und fast wie eine Jagdbeute präsentiert. Als Täter des Totschlages, so vermerkte die Linzer Tagespost am 26. 7. 1932, wurde der Wilderer Johann Garstenauer verdächtigt.

Ein Schelmenstück leistete sich ein ertappter Wilderer, den die Gendarmen in den Wald begleiteten, um dort sein verstecktes Gewehr als Beweisstück sicherzustellen: Nach stundenlangem Herumgehen im Wald und auf versteckten Steigen erklärte der Sünder den Gendarmen: „Herr Inspektor, jetzt kenn i mi überhaupt nimmer aus, i waaß net, wo ma san!" Die Gendarmen mussten froh sein, aus der Wildnis wieder herauszukommen, das Gewehr blieb, wo es war.

Tatsächlich waren die meisten Holzknechte irgendwie mit der Wilderei verstrickt, lebten sie doch im Wald und ein Stück Fleisch konnte die sonst eintönige Kost schon aufbessern. Wild gab es zu dieser Zeit genug, im Winter erfroren oft viele Tiere. Die Jäger schnitten von den gefundenen Gemsen die Köpfe ab und warfen die Kadaver in den Bach. Kein Wunder, dass die Holzknechte wenig Verständnis für die Anliegen der Jagdherren hatten. Viele wildernde Holzknechte machten auch kein Hehl aus ihrer Jagdleidenschaft und stellten ihre Erfolge auch in Wirtshäusern zur Schau: Sie präsentierten Trophäen wie Gamsbärte oder „Granl" (Eckzäh-

Die vier Todesopfer der „Wildererschlacht“ im Mollner Gasthaus Dolleschal vom 14. März 1919 – „verewigt“ auf einem Erinnerungsteller.

ne vom Hirschen) und so manchem beamteten Jäger trieben auch Neid und Zorn zu ihrer Wildererverfolgung.

Die Wildererschlacht von Molln

Dieses Ereignis zeigt die gesamte soziale Dimension der Wilderei in der Zeit nach dem Ersten Weltkrieg auf, darum haben wir diesen Vorgängen auch hier breiten Raum gegeben. Die Situation der Bevölkerung ab 1917 war dramatisch: die Männer im Krieg, das Vieh großteils requiriert, Getreide kaum zu bekommen, es herrschte der nackte Kampf ums Überleben. Als Nahrungsersatz bzw. Ergänzung dienten ins Brot eingebackenes Holzmehl, gemahlene Unkrautsamen und natürlich alles, dessen man im Wald habhaft werden konnte. In Molln wurde die Wilderei fast gewerbsmäßig betrieben, das Wildbret wurde zwar heimlich, aber doch allen Bewohnern bekannt, verkauft. Jagdherren wie die Grafschaft Lamberg traten immer wieder an den Staat heran, die Wilderei abzustellen, was denn auch zu der oben genannten Auseinandersetzung in Molln geführt hat.

Am besten ist es, wir lassen einen Zeitzeugen dieses denkwürdige Ereignis berichten. Der folgende Text stammt aus den Tagebuchaufzeichnungen des Josef Poherzelsky, Schneidermeister in Molln. (1867 - 1943): *Kursiv haben wir einige ergänzende Bemerkungen angebracht.*

Die Vorgeschichte

Am 14. März 1919 war die Weigl -Taverne (Gasthaus Dolleschal) der Schauplatz eines furchtbaren Ereignisses:

Die Vorgeschichte dieses blutigen Dramas ist folgende: Als nach dem Zusammenbruch der Monarchie im Jahre 1918 die Krieger erschöpft und halb verhungert in die Heimat zurückkehrten, mussten sie daselbst aufs Neue wieder Hunger leiden, weil die Lebensmittel überall knapp waren. Was lag nun in Molln näher als der Abschuss von Wild.

Viele Heimkehrer verlegten sich nun heimlich auf das Wildschießen, denn öffentlich durften sie das nicht tun, da das Wild ausschließlich dem

Jagdinhaber, der Grafschaft Lamberg gehörte. Die Heimkehrer fragten aber nicht lange, wem das Wild gehörte, hatten sie doch vier Jahre lang morden müssen, warum sollten sie nicht auch das Wild abschießen, um den Hunger zu stillen.

Es bildete sich unter den Heimkehrern sogar ein eigenes Konsortium von etwa 15 Mann, welches ausschließlich mit dem Wildschießen und mit dem Fleisch einen schwunghaften Handel betrieb, freilich nur heimlich, damit die Leute nicht mit dem Strafgesetz in Konflikt kämen. Bei der allgemeinen Not fand das Fleisch reißenden Absatz und wurde gut bezahlt.

Verhaftung und Befreiung

Dieses Treiben konnte sich aber auf die Dauer nicht halten. Es wurden 5 Mann aus dem Konsortium, welche des Wilddiebstahls überführt werden konnten, von der Gendarmerie gefasst und in das Bezirksgericht Grünburg eingeliefert.

Als nun die übrigen Konsorten davon Kenntnis erhielten, fuhren sie mit dem Zug nach Grünburg, um ihre Kameraden zu befreien. Der Zufall wollte es, dass mit dem gleichen Zug die verhafteten Wildschützen vom Bezirksgericht Grünburg an das Kreisgericht Steyr eskortiert werden sollten. Als nun die Häftlinge am Bahnhof Grünburg ihrer aussteigenden Kameraden ansichtig wurden, riefen sie ihnen gleich zu: „Wenn ihr Kameraden seid, so helft uns!“

Die Kameraden ließen sich das nicht zweimal sagen und befreiten die Häftlinge aus den Händen der Gendarmerie. Sie führten sie im Triumph nach Molln zurück, wo sie im Gasthaus Dolleschal einkehrten. Nur Johann Eder, Bauernsohn vom Reschengut Nr. 129 in Ramsau ging nicht mit zum Dolleschal, sondern nach Hause.

Er hatte eine schlimme Ahnung, die er in den Worten zum Ausdruck brachte: „Ich gehe heim, mich sieht die Geschicht nimmer an, die Gendarmen werden allweil mehr.“

Tatsächlich hatte die Gendarmerie von den Vorfällen in Molln sofort Anzeige erstattet und es wurde ein größeres Gendarmerieaufgebot per Auto nach Molln entsandt, wo es bei Anbruch der Nacht ankam.

Im Verein mit dem Gendarmerieposten Molln, welcher schon früher auf sieben Mann verstärkt worden war, umstellten sie das Gasthaus Dolleschal. Ein Teil der Gendarmen unter der Führung eines Majors drang in das Gastzimmer ein und der Major erklärte die anwesende Gesellschaft für verhaftet.

Die Schlacht

Die unbewaffneten Wildschützen erhoben lautstarken Protest dagegen, der Fabriksarbeiter Karl Zemsauer wehrte das ihm vorgehaltene Bajonett ab, ohne dabei eine bestimmte Absicht zu haben. Der Gendarm fasste es als Angriff auf und stieß ihm das Bajonett in den Bauch. Als dies ein anderer Wilderer, der Fabriksarbeiter Heinrich Huber, sah, ergriff ihn grenzenlose Wut. Mit raschem Griff erfasste er einige Gläser und warf sie den Gendarmen an den Kopf.

Nun kommandierte der Major „Feuer!" Sechs Schüsse krachten durch das Gastzimmer und drei Todesopfer, Karl Zemsauer, Heinrich Huber und der Sensenarbeiter Georg Unterbrunner, lagen in ihrem Blut. Ein weiterer Arbeiter, Roman Schiefer, wurde verwundet.

Die anderen hatten sich blitzschnell unter die Tische geduckt, von wo sie dann einzeln hervorgeholt und verhaftet wurden.

Allerdings war es dem Anführer des Konsortiums, Gustl Wolfbauer, gelungen, den Tumult auszunützen und sich im großen Backofen der Wirtshausküche zu verstecken.

Dieses blutige Drama fand seine Fortsetzung am Reschengute Nr. 129 in Ramsau. Noch in der Nacht begab sich eine Abteilung Gendarmen dorthin, umstellte das Haus und forderte Einlass. Nachdem sie in das Haus eingedrungen waren, wurden die Hausbewohner unter Bewachung gestellt und einige Gendarmen begaben sich in die Dachkammer, wo Johann Eder im Bett lag. Über die grauenhaften Vorgänge in dieser Kammer hat man nichts erfahren.

Den Berichten der Gendarmen nach hätte sich Georg Eder der Verhaftung so heftig widersetzt, dass er sich selbst in ein aufgepflanztes Bajonett gestürzt und tödlich verletzt hätte.

Tatsache ist, dass man, als die Gendarmen abgezogen waren, Johann Eder mit durchstochener Brust tot in seinem Bett fand. Die Handgelenke waren blau angelaufen, die Füße an den Leib heraufgezogen, ein Zeichen, welch furchtbaren Todeskampf er zu bestehen hatte. Hilferufe hatten die Bewohner nicht gehört, ein Beweis, dass die Gendarmen ihn auch gehindert hatten, Schmerzensschreie auszustoßen.

Das Begräbnis

Am 18. März fand die Beerdigung der Todesopfer statt. Eine ungeheure Menschenmenge nahm daran teil. Allen voran die organisierte Arbeiterschaft von Molln, Leonstein und Grünburg-Steinbach mit Musikkapellen, von Sierning kam die dienstfreie Mannschaft der Volkswehr, sogar von Steyr ist eine Arbeiterdelegation erschienen.

Ein solches Begräbnis hatte Molln noch nicht gesehen. Damit sich der Leichenzug entwickeln konnte, musste ein Umzug veranstaltet werden. Die Landesregierung hatte zur Beerdigungsfeier einen Vertreter entsendet, der an den offenen Gräbern die Grabrede hielt.

Am offenen Grabe leistete auch der entkommene Anführer Wolfbauer einen Racheschwur. Wenige Monate später wurde der Förster Daxner mit einer Schrotladung in der Brust tot aufgefunden: das 5. Opfer der Wildererschlacht von Molln! Dem Wolfbauer konnte man aber diesen Mord trotz seines Racheschwures niemals nachweisen. Er blieb auf freiem Fuß.

Das Gendarmerieaufgebot war schon früher von Molln abgezogen worden, um einen blutigen Zusammenstoß mit der Bevölkerung zu vermeiden.

Die Einstellung der Bevölkerung zu diesen Vorgängen wird aus der Tatsache ersichtlich, dass sich der Abtransport der überlebenden Wilderer sehr schwierig gestaltet hatte und der Einsatzleiter von wütenden Menschen attackiert worden war und sich - durch einen Schlag mit einem Schraubenschlüssel schwer verletzt - nur durch das Ziehen seiner Dienstpistole retten konnte.

Zum Schluss sei noch erwähnt, dass über diese Vorfälle keine Gerichtsverhandlung stattfand, um die Schuldigen zu bestrafen. Schuldig waren beide Teile und um unter der ohnehin sehr erregten Bevölkerung nicht noch mehr böses Blut zu machen, wurde die Angelegenheit still beigelegt.

Diese Geschichte wirft aus heutiger Sicht vor allem eine Frage auf:
Ist es nur eine Wilderergeschichte größeren Stils oder sind hier nicht schon Vorzeichen des viel späteren Bürgerkrieges zu erkennen?

Die Tatsache, dass sich die Arbeiterschaft des gesamten Steyrtales einschließlich der der Stadt Steyr beim Begräbnis der 4 Opfer solidarisch zeigte, weist auf eine beginnende Zweiteilung der Bevölkerung hin. Polizei und Gendarmerie wurden als Helfer der Besitzenden gesehen und daher gemieden und ihr Einfluss umgangen. Aus der Sicht der damals Regierenden handelte es sich bei dem Wildererkonsortium von Molln um organisierte Kriminalität. Die Tatsache der Befreiung der Anführer auf dem Bahnhof Grünburg zeigt auch, dass mit diesen Leuten nicht zu reden war, was wieder die ersten Bluttaten der Gendarmen im Gasthaus Dolleschal als Angstreaktionen deuten lässt. Der Staat wurde für die unteren sozialen Schichten zunehmend zum Feindbild, was der ungeklärte Mord an dem Förster Daxner deutlich aufzeigt.

Vor dem Hintergebirge: Der einstige Industrieort Reichraming

Erste Anfänge

Reichraming ist heute in wirtschaftlicher Hinsicht ein unbedeutender Ort ohne Industrie, dessen Bewohner hauptsächlich ins nahe Steyr zur Arbeit pendeln. Nur wenig erinnert an die einstige handwerkliche und vorindustrielle Bedeutung, die dieser Ort innehatte, denn man kann ihn mit Recht als Zentrum der oö. Eisenindustrie, als Vorläufer der VOEST, im 18. und 19. Jahrhundert bezeichnen, denn in diesem kleinen Ort arbeiteten zahlreiche Menschen in der Eisenverarbeitung und in einer Messingfabrik. Schon recht früh trat Reichraming ins Licht der Industriegeschichte ein. 1255 holte man in der am rechten Ennsufer gelegenen Ortschaft Arzberg (Arz = Erz) Eisenerz aus den Hängen des Schiefersteines. Dieses Bergwerk wurde aber bereits im 16. Jahrhundert für immer geschlossen; jedenfalls taucht seine Existenz das letztemal 1539 in einer Erwähnung des Steyrer Burggrafen Hanns Hoffmann auf.

In späteren Jahrhunderten lag die Bedeutung Reichramings nicht mehr in der Eisengewinnung, sondern in der Verarbeitung und Anfertigung von Eisenprodukten, denn dazu waren die Voraussetzungen ideal. Nichts war günstiger für so eine Industrie, als am Rande eines riesigen Waldgebietes zu liegen, noch dazu an einem Bach, der sowohl Hämmer, Blasbälge und Wasserräder betreiben konnte, als auch zum Holztransport zur Verkohlung aus dem Gebirge benutzt werden konnte. Da man damals die Öfen zum Schmelzen und Schmieden des Eisens ausschließlich mit Holzkohle betrieb, war der Holzbedarf einer sich ausdehnenden Eisenindustrie gewaltig. (Siehe Kapitel „Holz aus dem Hintergebirge"!)

Dementsprechend verlief auch die Entwicklung der Trift- und Klausanlagen im Hintergebirge, dessen Bäche als die triftmäßig am besten erschlossenen Gewässer der damaligen Zeit galten. Der Holzrechen in der Schallau fing das herangetriftete Holz auf, von wo es sofort in Tag und

Reichraming anno dazumal: die Kirche, noch ohne Turm – und die Vertreter der Reichraminger Arbeiterbewegung.

Arbeiter und Kirche

Der Industrieort

„Ruhrgebiet“ im Ennstal: Nur noch alte Fotos erinnern an die Reichraminger Messingfabrik und ihren Schlot.

Reichraming

Der Rechen

Das Triftholz aus dem Hintergebirge wurde am Rechen aufgefangen. Oben der Schallauer Holzrechen – rechts unten nach der Trift.
Rechts oben: der Rechen während der großen Käferkatastrophe.

in der Schallau

Das Sägewerk

Hartes Tagwerk im Reichraminger Sägewerk und am Holzlagerplatz (um 1923), auf dem heute neue Siedlungshäuser stehen. Rechts unten ein Notgeldschein mit einer Darstellung des Sägewerks – vergleichen Sie sie mit dem Foto oben!

Gutschein der Gemeinde Reichraming
20

Hochwasser

Nicht immer hat sich der Reichramingbach anständig benommen: 1899 überschwemmte er z.B. die Schallau – nicht zum letzten Mal.

Nacht rauchenden Kohlenmeilern zur begehrten Holzkohle gemacht wurde.

Mit dem Aufkommen des Eisenhandels in der Stadt Steyr ließen einige Steyrer Eisenhändler Hammerwerke in den Seitentälern des Ennstales errichten, um dadurch auch an der Produktion von Eisenfertigwaren zu verdienen; so befanden sich auch im 16. und 17. Jahrhundert mehrere Hammerwerke Steyrer Bürger am Reichramingbach. Im Steyrer Heimathaus befindet sich ein Epitaph, auf dem geschrieben steht, dass Klement Schrapacher am 3. November 1614 als „Hammerherr zur Reichräming" starb.

Die Hämmer in Reichraming sind in ihrer Betriebsform typisch für unser Gebiet. In der Steiermark lag das Schwergewicht auf der Herstellung von Roheisen und Halbfabrikaten. Im Innerberger Eisenbezirk, also im Gebiet nördlich des Erzberges entwickelten sich Betriebe, die auf Finalproduktion ausgerichtet waren.

Besonders die Waffenerzeugung dürfte in diesen unruhigen Zeiten ein gutes Geschäft gewesen sein, da ein Dokument aus dem Jahre 1660 von einer Beschwerde der Ennstaler Waffenschmiede – insbesondere der aus Reichraming – an den Steyrer Magistrat berichtet, weil man ihnen die Teilnahme an den Steyrer Wochenmärkten verboten hatte.

Die erste Stahlfusionierung der Geschichte

Die allgemein schlechte wirtschaftliche Lage des Eisenwesens im 17. Jahrhundert – bedingt durch die Auswirkungen des 30jährigen Krieges, der Pestseuchen, der Inflation, sowie der Gegenreformation, die so manchen Andersgläubigen zur Auswanderung zwang – führte 1625 zur Vereinigung aller Hammerwerke unter der Führung der „Innerberger Hauptgewerkschaft", praktisch die erste Stahlfusionierung der Industriegeschichte. Leiter dieses Konzerns war der „Kammergraf", eine der Hammerverwaltungen der Innerberger Gewerkschaft wurde in Reichraming stationiert. Zur Versorgung der Beschäftigten in den Eisenbetrieben mit Lebensmitteln richtete die Hauptgewerkschaft sogenannte Proviantverwaltungen mit großen Proviantkästen ein, von denen einer auch in Reichraming stand.

Alle Hammerwerke, die sich in der Hauptgewerkschaft zu vereinigen

hatten, wurden abgeschätzt und der ermittelte Betrag den bisherigen Eigentümern als Einlage gutgeschrieben. Nach den Ablösungsakten gingen in Reichraming die Hammerwerke folgender Hammerherren in den Besitz der Hauptgewerkschaft über:
Gregor Forster (1 welscher Hammer mit 2 kleinen Hämmern, eine Mühle, eine Sag).
Thomas Prenner (1 welscher Hammer mit 2 kleinen Hämmern, ein Sag, 1 Hammer, ein Köhlerhaus und 8 Kohlgruben).
Hans Hayden (1 welsches Hammerwerk am Reichrämingbach samt 2 kleinen Hämmern und Zugehör, eine Sag, Hammerhäuser und Kohlstätten)
Magdalena Weidinger (1 welsches Hammerwerk samt 2 kleinen Hämmern, eine Mühl, 1 Sag, 3 Häuser, Zeug, Stadel und 1 Kohlgrube).

Höhenflug und Absturz

Die zweite Hälfte des 19. Jahrhunderts brachte für alle Reichraminger Metallbetriebe sowohl den Höhepunkt als auch das jähe Ende. Die Eisenbetriebe erzeugten alle gängigen Eisen- und Stahlsorten. So wurden 1872 in Reichraming 38 600 Zentner Halbfabrikate und an fertigen Produkten sogar über 60 000 Zentnern erzeugt. 1878 betrug die Erzeugung 32000 Zentner. In dieser Zeit waren 240 Arbeiter beschäftigt.

Durch die immer größere Holznot bedingt stellten die Hammerwerke von Holzkohle- auf Steinkohlenbetrieb um, bauten an ein Hammerwerk eine Gussstahlhütte an und ein weiteres wurde in eine Puddel- und Walzhütte umgebaut. Trotz vieler und teurer Investitionen konnten die österreichischen Betriebe nicht mehr mit den englischen und deutschen Produktionsstätten mithalten und kamen immer mehr ins Hintertreffen. Wie bekannt klingt aus heutiger Sicht alles, was nun folgte: Die österreichischen eisenverarbeitenden Betriebe schlossen sich erneut zusammen und es kam 1882 zur Gründung der „Österreichischen Alpine-Montan Gesellschaft", deren Hauptzweck die Rettung der österreichischen Eisenindustrie war. Diese Gesellschaft entschloss sich, ihr Schwergewicht auf die Erzeugung von Roheisen zu legen und die Eisenverarbeitung nach und nach aufzugeben. Da auch die Reichraminger Werke im Besitz der Gesellschaft waren, fielen sie den Reformplänen wehrlos zum Opfer. 1889 schloß die Gesellschaft die Fabrikstore und die letzten 150 Arbeiter standen auf der Straße und nicht wenige sahen sich gezwungen, mit ihren Familien in die Steiermark zu ziehen, um in den dortigen Eisenbetrieben Arbeit zu finden.

Messingerzeugung

Auch die Messingfabrik, der zweite große Metallbetrieb Reichramings, kam in diesen Jahren in große Schwierigkeiten. Dies war umso schmerzlicher, weil die Messingfabrik eine sehr alte Tradition im Ennstaler Industriewesen innehatte. Gegründet hatte sie der Steyrer Handelsherr und Wiedertäufer Wolfgang Köberer, als er 1575 einen Eisenhammer in eine Messinghütte umgestalten ließ. Wenn man bedenkt, daß Messing erst seit 1553 im Gebrauch war, kann man annehmen, dass dieses Reichraminger Werk sicher eines der ersten seiner Art im damaligen Österreich war.

Bis 1625 gehörte das Werk der Familie Köberer, 1626 erwarb es der Steyrer Ratsherr und Eisenhändler Hans Egger, der später auch Stadtrichter (1637 - 1640) und sogar Bürgermeister (1646 - 1650) der Stadt Steyr war. Durch den Kauf von großen „Marbach“ genannten landwirtschaftlichen Flächen, weswegen er in ständigen Konflikten mit der Innerberger Hauptgewerkschaft stand, die sich um ihre Holzkohlelieferungen sorgte, wurde Hans Egger der Titel „von Marbach“ verliehen. Er konnte seine Betriebe ausweiten und erwarb auch ein Blechhammerwerk an der Ascha in Großraming mit großen Waldbesitzungen und Ländereien.

Hans Egger dürfte sich aber in diesen wirtschaftlich sehr schwierigen Zeiten übernommen haben, da er wegen allzu großer Verschuldung vom Landeshauptmann seiner Stelle als Steyrer Bürgermeister enthoben wurde. Trotzdem gelang es der Familie Egger, die Besitzungen zu retten, was besonders der Verdienst des Sohnes Gottfried Egger war, der im Werterschen Handelshaus in Graz tätig war.

1735 ging die Messingfabrik in den Besitz des Stiftes Seitenstetten über, das zur schnelleren und besseren Verwertung der Messingprodukte in Steyr eine Niederlage errichtete. 1842 erwarb der damalige Direktor der Ersten Österr. Donau-Dampfschiffahrtsgesellschaft Karl Ferdinand Klein das Messingwerk, dem dann seine Brüder Karl und Wilhelm Klein als Besitzer folgten. Diese verlegten die Niederlage von Steyr nach Wien und die

Reichraminger Messingfabrik erlangte durch ihre Erzeugnisse Weltruhm. Doch zwei knapp aufeinander folgende Schicksalsschläge führten zum steilen Absturz des bisher so erfolgreichen Unternehmens: 1889 beendete Karl Klein sein Leben durch Selbstmord und ein Jahr später brannte ein großer Teil der Fabrik ab. Wilhelm Klein sah sich außerstande, den Betrieb weiterzuführen und schloss die Fabrik im Oktober 1892, nur drei Jahre nach der Schließung der Eisenhämmer. Vier Jahre standen die Maschinen der Fabrik still, bis es gelang, neue Besitzer für sie zu finden. 1896 erwarben die Brüder Anton und Ludwig Sommer die ausgedehnte Fabriksanlage zusammen mit großen Waldungen am Ebenforst.

Durch den Verkauf des Waldes um eine für die damalige Zeit große Summe von 400.000 Gulden konnte die totgeglaubte Fabrik wieder in Gang gesetzt werden und bald kam wieder Leben in die trostlos leeren Fabrikshallen. Der Betrieb lief bis 1928 klaglos und der Schock war gewaltig, als die Fabrik am 5. Juni 1928 wegen Nichteinlösung fälliger Wechsel in der Höhe von 17,5 Milliarden Kronen behördlich geschlossen wurde. Genaues über die finanziellen Transaktionen der Gebrüder Sommer war damals nicht zu erfahren, da alle Verhandlungen in Wien geführt wurden. Jedenfalls wurden alle Maschinen und alles Eisenmaterial aus den Hallen herausgerissen und als Alteisen verkauft. Seit damals standen die Fabrikshallen leer, nur gelegentlich als Lagerhallen von verschiedenen Handwerksbetrieben benutzt bis zu ihrem endgültigen Abriss, der zugleich auch das Ende Reichramings als Industrieort besiegelte.

Rund um Almkogel und Bodenwies

Einer der beliebtesten Steyrer Hausberge ist der 1513 Meter hohe Alm- oder Alpkogel über dem Ennsknie zwischen Großraming und Kleinreifling. Drei gute und markierte Wege erschließen seinen aussichtsreichen, mit einem großen Metallkreuz gezierten Gipfel; zwei Schutzhütten des Tourismusvereins „Die Naturfreunde" dienen als willkommene Unterkünfte: die Stallburgalm und die schon hoch im Bergwald gelegene Ennserhütte. Drei recht unterschiedliche „Gesichter" zeigt der Berg am Rande des Hintergebirges: Nach Westen wohl das unauffälligste, denn in dieser Flanke reicht der Kampfwald praktisch bis zum Gipfel und weicht nur in der obersten, windumtosten Region den Latschen. Von dieser Seite aus betrachtet erscheint der Almkogel auch nur als eine von vielen, die übrigen Gipfel wenig überhöhende Erhebung im nördlichen Dürrensteigkamm. Gegen Südosten breitet er dagegen eine steile Gipfelwiese aus, die wunderschöne Trockenrasenvegetation aufweist. Der Bergfrühling ist hier ein Erlebnis für sich, das man sich behutsam erschließen muß. Nach Nordosten schließlich zeigt der Dreikant sein „alpinstes" Gesicht in Form einer latschenbesetzten, felsigen Halde.

Ist der Almkogel schon im Sommer aufgrund seiner weitreichenden Aussicht ein „Gustostückerl" in den oberösterreichischen Voralpen, so gilt dies noch in vermehrtem Maße für den Winter: Wir finden hier einen Schiberg par excellence! Der Südosthang gilt bei sicheren Schneeverhältnissen als die schönste Abfahrt vom Almkogel, die man sich aber, mit Fellen und entsprechender Ausrüstung bewehrt, erst durch einen 3 bis 4 stündigen Aufstieg verdienen muss!

Wer es einfacher liebt, kommt in diesem Gebiet aber auch auf seine Kosten: Auf der Niglalm, zu Füßen der Bodenwies, erschließen zwei Schlepplifte gepflegte Schipisten, die im Gegensatz zu manchen anderen „Schiparadiesen" meist noch nicht allzu überlaufen sind. Die zu einem Berggasthof ausgebaute Niglalm und die Sonnrisshütte der Naturfreunde bieten Übernachtungsmöglichkeiten.

Wem aber das Gewimmel der Pistenhaserl zuviel wird, der schnalle sich die Langlaufbretter an die Füße und gleite ohne besondere Höhenunterschiede hinüber zur Menaueralm, einem wahren Aussichtsbalkon im Angesicht der nahen Gesäuseberge, hoch überragt vom schrofigen Kamm der Bodenwies. Dieser, mit 1540 Metern höchste Gipfel des Dürrensteigkammes mit seinem im Winter fast hochalpin anmutenden Charakter ist in der Gunst der Bergsteiger aber eher ein „Sommerberg“, der ebenfalls zwei markierte Zustiege aufweist. Noch einsamer als sein nördlicher „Kollege“, übertrifft er diesen fast noch in puncto Fernsicht, besonders hinüber ins Gesäuse.

Zwischen diesen beiden bekannteren Bergen liegt nun der völlig vergessene „Dürrensteigkamm“ mit seinem Dutzend ruhiger, bewaldeter und manchmal sogar überraschend felsiger Gipfel: Wieser (1427 m), Langlackenmauer (1482 m), Ochsenkogel (1444 m), Reiflingereck (1424 m), Hochzöbl (1373) und noch etliche andere sind in einem Zuge auf einer eindrucksvollen und vor allem einsamen Gratwanderung zu überschreiten, wofür man allerdings gute 10 Stunden veranschlagen oder am besten überhaupt irgendwo ein Biwak einplanen sollte. Eine Tour für Genießer und Spezialisten jedenfalls, die nur sehr selten unternommen wird, die Mühen und vergossenen Schweiß aber hundertfach mit leichten Kletterstellen, urigem Gelände und einer immerwährenden, weitreichenden Sicht vergilt! Wer es noch einsamer liebt, dem seien zum Schluss noch der Ennsberg (1373 m), der Kuhberg (der mit seinen 1415 m bestimmt kein solcher ist!) oder der Hochbrand (1242 m) im Osten des Kammes empfohlen. Obwohl die beiden Erstgenannten sogar von einem Gipfelkreuz geziert werden, erhalten sie nur ganz selten und meist von Einheimischen Besuch. Es sind Berge, die fast ausschließlich dem Forst und der Jagd „gehören“, weit abseits der ohnehin nur mäßig begangenen markierten Steige – und doch auf unscheinbaren Waldweglein leicht zu erklimmen, wenn man sie nur findet!

Bilder aus Alt-Großraming: Oben die im Stausee versunkene Ennsschlucht bei der Brücke zum Bahnhof, unten eine alte Zeichnung der Pfarrkirche. Nächste Seite: der winterlich überwächtete Dürrensteig-Kamm vor der Kulisse der Haller Mauern.

Großraming

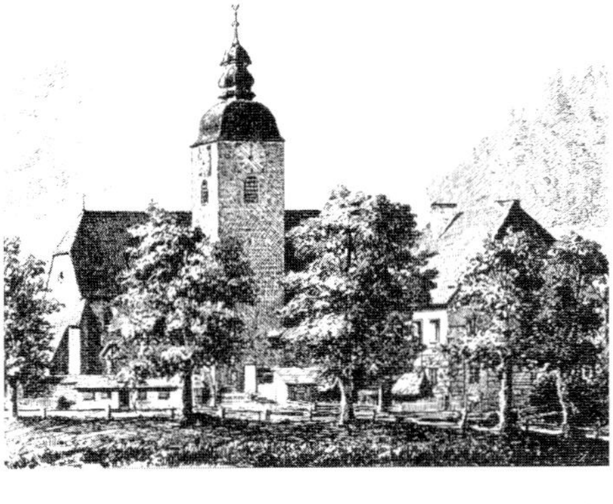

Eine Wanderung zum Borsee

Wer die Eigentümlichkeit und den Reiz des Hintergebirges in wenigen Stunden erleben will, oder wem eine längere Tour zu anstrengend ist, der sei auf die Wanderung zum Borsee entlang des Schleifenbaches verwiesen. Hier wird er all das im Kleinen erleben, was das zentrale Hintergebirge im Großen zu bieten hat: rauschendes Wasser, tiefe Schluchten, hochaufragende Felstürme mit eigenartigen Formen, kleine Wasserfälle und als Draufgabe einen noch intakten Klaussee, den Borsee. Die renovierte „Schleifenklause“ staut hier den Bach zu einer kleinen Wasserfläche auf, allerdings nicht mehr für die Holztrift, sondern für die Fischzucht. Sie war der Grund, daß die Holzsperre immer wieder repariert, der Damm abgedichtet wurde und uns auf diese Weise ein Klaussee erhalten blieb.

Von der Bahnstation Schönau an der Enns führt eine schmale Forststraße in das Schleifenbachtal und man wandert nicht lang, bis man sich direkt im Schluchtbereich befindet. Links und rechts des Baches türmen sich die Felswände auf, tief unten rauscht der Bach. Hier hat man die Straße wirklich durch fast senkrechten Fels getrieben. Gott sei Dank sind die Spuren des Eingriffs schon stark verwischt und die Narben des verwundeten Felsens verblaßt. Trotzdem träumt der Wanderer von den verschwundenen Triftsteigen, die auch hier der modernen Holzbringung weichen mußten. Wie schön müsste es sein, einige Meter ober dem Bach bergwärts zu wandern und die schöne Landschaft zu genießen, ohne durch den Anblick von Schutthalden wieder in die rauhe Wirklichkeit versetzt zu werden.

Enger wird das Tal, von links und rechts stürzen kleine Bäche dem Schleifenbach zu, manchmal auch über Felsstufen fallend und schäumend ihrer Vereinigung zustrebend. Immer großartiger werden die Einblicke in steile Felshänge mit oft bizarren Felsfiguren. Einmal reckt sich direkt neben der Straße ein hoher einsamer Felspfeiler auf und zieht den Blick des Wanderers unweigerlich himmelwärts. Von jetzt an ist es geraten, Kinder an der Hand zu nehmen, da der Fels oft von der Straße weg senkrecht zum Bach hin abfällt.

Kurz vor Erreichen des Borsees hat man einen schönen Einblick in die

Das Gipfelkreuz der Bodenwies – auch ein Zielpunkt für Schi- und Schneeschuhtouren.

Erdgeschichte unserer Heimat: Mächtige Platten liegen frei und lassen uns durch die schön sichtbaren Schichten die Gewalt der gebirgsbildenden Kräfte erahnen.

Endlich ist der Borsee erreicht. Ein Steg führt über die Klause, deren Stämme immer noch das Wasser zurückhalten, das diesen kleinen Raum auffüllt. Der See selbst ist ein flaches und wasserpflanzenreiches Gewässer, das zum Baden nicht geeignet ist. Er bietet aber dem Naturfreund schöne Möglichkeiten, Tier- und Pflanzenwelt seichter Gewässer zu beobachten: Große Flächen sind vom Laichkraut bewachsen, nur am seitlichen Rand haben andere Wasserpflanzen Lebensmöglichkeiten, das Hornkraut ebenso wie das Tausendblatt oder der eigenartige Froschlöffel mit seinen weißen Blüten, die er weit über die Wasseroberfläche emporreckt! Dazwischen tauchen Libellen immer wieder ihre Hinterleiber blitzschnell ins Wasser, um Eier abzulegen, die sich dann zu räuberischen Larven entwickeln und so manches Lurchleben vorzeitig beenden.

Der obere Teil des Sees ist bereits verlandet und bildet ein ganz kleines Flachmoor, das mit der anschließenden Au ein schöner Lebensraum für Wassertiere ist.

Am Ostfuß des Seekogels in etwa 900 Meter Höhe dürfte früher ein weiterer See – in alten Schriften als Iserlingsee erwähnt – gelegen sein. Erlen und Krüppelfichten wachsen heute auf einer bis zu zwei Meter tiefen Schlickschicht des verlandeten ehemaligen Gewässers.

Vom Borsee aus lässt sich der blumenreiche Gipfel der Bodenwies erwandern oder - ein wenig kürzer - der Kuhberg über die Niglbauernalm. Auch eine Rundwanderung kann hier beginnen: Schönau - Borsee - Bodenwies - Altenmarkt. Man kann aber auch nur wegen des Borsees den Borsee erwandern und wird dabei sicher viel mehr finden, als man sich erwartet hat!

Eine historische Aufnahme vom Triftsteig durch den Schleifengraben.

Nächste Seite: Der von der mittlerweile renovierten Schleifenklause aufgestaute Borsee, der letzte „echte“ Triftsee der Region.

Über den Hengstpass

In Windischgarsten zeigt eine unscheinbare Tafel den Weg nach Rosenau am Hengstpass an. Wohl die meisten Autotouristen brausen achtlos an ihr vorbei, nicht wissend oder auch nur ahnend, in welch liebliche Gegend sie sie weisen würde. Und in einer ganz anderen Ecke unserer Heimat, im steirischen Altenmarkt, muss man die Straßenbeschilderung Richtung Unterlaussa schon tüchtig suchen, ehe man sie nahe der alten Flößerkapelle an der Ennslände entdeckt! Was zwischen diesen beiden Wegweisern liegt, davon wissen nicht allzu viele: Das Laussatal im Osten und das Dambachtal im Westen, verbunden in der Mitte durch den 985 Meter hohen Hengstpass.

Allgemein spricht man von der „Hengstpasslinie", die in ihrer östlichen Hälfte mit dem Laussabach die Bundesländer Oberösterreich und Steiermark voneinander trennt. Kurz vor der Passhöhe schwenkt die Landesgrenze nach Süden in die Haller Mauern; der Pass selbst ist somit rein oberösterreichisch. Das Tal des Dambaches schließlich leitet aus dem Bergkranz der mächtigen Haller Mauern hinein ins sanfte Windischgarstner Becken.

Eine stille, einsame Welt voller Gegensätze präsentiert sich hier dem Besucher: Im Norden umfängt der endlose Wald des Reichraminger Hintergebirges die Talschaften, im Süden thronen die mächtigen, weißgebankten Kalkriesen der Haller Mauern, die schon zu den Ennstaler Alpen gehören, über ihren grünbraunen Vorgipfeln. Immer wieder gewährt die Landschaft dem Reisenden neue, überraschende Einblicke und Eindrücke; und kaum eine andere Straße unseres Bundeslandes lädt so oft zum Verweilen und Schauen ein wie die über den Hengstpass. Diese galt übrigens nach ihrem Bau, Ende des vorigen Jahrhunderts, lange Zeit als bautechnisches Meisterwerk damaliger Ingenieurskunst - und wurde demgemäß auch als „Kunststraße" bezeichnet. Sie ersetzte den uralten „Proviantweg", der von Windischgarsten durch die südlichen Abhänge des Dambachtals zur Egglalm und weiter am „Roten Kreuz" vorbei zur Laussabaueralm führte. Unter dem „Proviant" verstand man die Lebensmittel, die aus dem Alpenvorland und dem Garstnertal über St. Gallen zu den Bergknappen und Eisenarbeitern in Innerberg (Eisenerz) transportiert wurden; im Gegenzug kam das „Provianteisen“ in diesen Teil der oberösterreichischen Eisenwurzen.

Wenn Sie in Altenmarkt die etwas versteckte Einfahrt gefunden haben und nach kurzer Fahrt alsbald die hier nur sehr kümmerlich dahingluckernde Enns (Kraftwerk mit Wasserausleitung oberhalb!) überqueren, wartet schon die erste Schönheit des Laussatales auf Sie: der Kesselfall unter der Eisenbahnbrücke, mit dem sich der Bach, wie es jemand einmal so nett formuliert hat, gleichsam von seinem Tal verabschiedet und in die Enns stürzt. Aus etwa zehn Meter Höhe quillt das klare Wasser aus seinem engen, schluchtartigen Bett, das es sich durch die Jahrtausende in den weichen Konglomerat der Eiszeiten gegraben hat. Diese oft imposanten, brüchigen Wände begleiten uns auch weiterhin und öffnen sich nur ein wenig im „Platzl“ (wo Kundige übrigens schöne Fluoritkristalle finden können). Bald weitet sich das Tal, und über den sonnigen Wiesen lässt sich so mancher grüne Hügel des Hintergebirges und der Waldberge zwischen der Unterlaussa und St. Gallen blicken. Schließlich erreichen wir das „Dörfl“, wie die Einheimischen ihre Ortschaft Unterlaussa liebevoll nennen. Wenn wir uns von der hübschen Ansiedlung mit ihrem winzigen Kirchlein und den verstreuten Gasthöfen nach Norden wenden, gelangen wir über den Sattel der Mooshöhe bald ins Weißwasser, einer einstens besiedelten, nun aber menschenleeren Talweite am Schwarzen Bach, bis wohin sogar die holprige Straße für den öffentlichen Verkehr freigegeben ist. Gegen Süden öffnet sich der dunkle Hundsgraben, der in jene verwunschenen Wald- und Felsenwildnis führt, mit der die Ennstaler Alpen nahtlos ins Vorgebirge übergehen. Namen wie „Toter Hengst“, „Totenkogel“ oder „Teufelskirche“ (eine Höhle oberhalb von St. Gallen) lassen schon auf eine rauhe Gegend schließen!

Wir aber verfolgen die heutzutage bestens ausgebaute Bundesstraße weiter in Richtung Hengstpasshöhe. Schon ein kurzes Stück westlich der Ortschaft verengt sich das Tal plötzlich und wir treten ein in den sogenannten „Laussa-Engpass“: Schroffe, durch wilde Gräben und Furchen gegliederte Felswände schießen beiderseits der Ufer jäh in die Höhe, bewacht von steinernen Türmen, Fingern und Figuren, deren markanteste und wohl auch populärste der „Türkenkopf“ auf der orographisch rechten Talseite ist. Jeden Moment scheint der tatsächlich einem eckigen Kopf ähnliche, luftig an einem schmalen Hals „klebende“ Riesenstein herunter-

Unterlaussa an der noch nicht asphaltierten Hengstpass-Straße.

zudonnern und den Reisenden zermalmen zu wollen, so ausgesetzt hängt er in der Wand!

Seinen seltsamen Namen erhielt er wohl in den unruhigen Zeiten um das Jahr 1529, als nach der Belagerung von Wien immer noch türkische Truppen durch unsere Heimat streunten, Weyer verwüsteten und wohl auch das Laussatal bedrängten. Erst 1532 konnte ein solcher Trupp unter dem Befehlshaber Kasim Beg am Sattelhag bei Schönau an der Enns von Holz- und Hammerleuten, stiftischen Jägern und Bauern der Herrschaft Gallenstein blutig zurückgeschlagen, zerstreut und endgültig aus dem Ennstal vertrieben werden. Später wurde der Pfaffenstein oberhalb des Hanges sogar befestigt; statt der befürchteten Türken zogen allerdings nur mehr Scharen von Flüchtlingen durch das Tal nach Süden.

Aber zurück in das enge und romantische Tal des Laussabaches, das nun nach Süden umbiegt und ein wenig weiter und heller wird. Schon leuchtet über dem Krennbauern-Gehöft die spitze Bärenkarmauer (auch - falsch - Hexenturm genannt), der dritthöchste Gipfel der Haller Mauern. Gegen Westen hin öffnet sich der lange Holzgraben, der seinem Namen alle Ehre macht: Er führt direkt hinein in das grüne Zauberreich um den blumenreichen Wasserklotz. Schließlich gelangen wir nun in die winzige Streusiedlung der Oberlaussa, sicher einem der vergessensten Dörfchen Österreichs. Eingebettet in den weiten Bogen, den die Haller Mauern, der dürre Grabensteinkamm und das im Gegensatz dazu fast saftig-grüne Maiereck im Süden beschreiben, fristen hier nur noch einige wenige, hauptsächlich im Forst beschäftigte Einheimische ihr karges und hartes Leben in der Einschicht. Das Maiereck gilt übrigens seit jeher als gewichtiger Gemeindegrenzpunkt, kommt doch sein Name von „March“, was soviel wie Grenze bedeutet. – Ein kurzes Stück fahren wir weiter nach Westen, dann ragen rechts die mächtigen, wildzerrissenen und zerfurchten Kampermäuer über uns auf. Unglaublich eindrucksvoll ist der Blick in die schroffe Wand, in der nach Aussage eines einheimischen Försters sogar noch Adler horsten. Diese „Schokoladenseite“ der Kampermauer ist sicher das Alpinste, was das Reichraminger Hintergebirge zu bieten hat. Wie gut lässt es sich hier auf der netten Puglalm, einer sommers bewirtschafteten Jausenstation am Fuße der Wand rasten und schauen!

Nun haben wir nicht mehr weit bis zur Passhöhe. Wir überqueren die moderne Brücke über einem wüsten Steingraben nahe dem sagenhaften

Der bedrohlich absturzbereit scheinende Türkenkopf, das steinerne Wahrzeichen im Laussa-Engpass.

Roten Kreuz, das in einer kleinen Kapelle geborgen steht, und befinden uns gleich darauf inmitten der herrlichen, von vielen Bergblumen gezierten Wiesen um die Zickerreut und Spitzenbergalm. Weit schweift nun der Blick hinaus in das Garstner Tal und hinüber zu den Hochgipfeln des Toten Gebirges. Von hier aus können wir, nördlich einschwenkend, in kurzer Zeit die idyllische Dörflmoaralm erwandern - ein „Traumplatzerl“ im Hintergebirge! Der eiligere Tourist wird aber talaus durch den wirklich recht düsteren Rußgraben in den Holzindustrieort Rosenau am Hengstpass weiterreisen. Knapp vor dem Sägewerk, dem „Wahrzeichen“ des Ortes, sollten wir jedoch nicht den ganz kurzen Abstecher zum Wasserfall, der aus den Wänden des Pitschenberges stürzt und einen winzigen, sichtlich auch als Badeplatz genützten See speist, versäumen. Die Schlucht setzt sich oberhalb des Falls übrigens noch ein geraumes Stück fort und ist sehr sehenswert, ihre „Begehung“ bleibt allerdings ein nur geübten Kletterern vorbehaltenes Abenteuer!

Zuletzt folgen wir dem munter dahinplätschernden Dambach nach Windischgarsten. Wer Zeit hat, sollte dem aus Süden einmündenden, unscheinbaren Bächlein des Froatgrabens folgen, um nach einer kurzen Wanderung im schattigen Tal zur als Schaubetrieb ausgebauten „Ramitschedermühle“ zu gelangen - ein Ausflug, der sich lohnt! Und wer sich ein wenig für die Entstehung der soeben durchquerten heimatlichen Landschaft interessiert, dem sei zu guter Letzt der geologische Lehrpfad im Luftkurort Windischgarsten empfohlen.

Die vielfältigen Eindrücke auf dieser Reise zwischen schroffen Kalkriesen und endlosen Waldmeeren wird sicherlich jeden zum Wiederkommen anregen. Und die herrliche Landschaft um den Hengstpass ist es wohl wert und verlangt auch, in mehreren Besuchen entdeckt und erlebt zu werden. Wie viele unbekannte Naturschönheiten verbergen sich in diesem vergessenen Landstrich, das einsame Moor nahe der Stummerreut etwa, oder der verlandete, nur zur Schneeschmelze gefüllte Seeboden unter dem Admonter Haus am Natterriegel, die aussichtsreiche „Parade-Höhenroute“ von Muttling bis zur Weißensteineralm oder die vielen urweltlichen Kare und Winkel der Haller Mauern-Nordseite und ihrer Vorberge ... Das „unbekannte“ Oberösterreich um den Hengstpass ist sicher gleichzeitig ein wunderschönes Stück Oberösterreich, ein Land, das im Begriff ist, wieder entdeckt zu werden!

Von der einst so massiven Sitzenbachklause ist heute kaum mehr etwas erhalten – ebensowenig wie vom Schallauer Rechen bei Reichraming.

Alte Technik

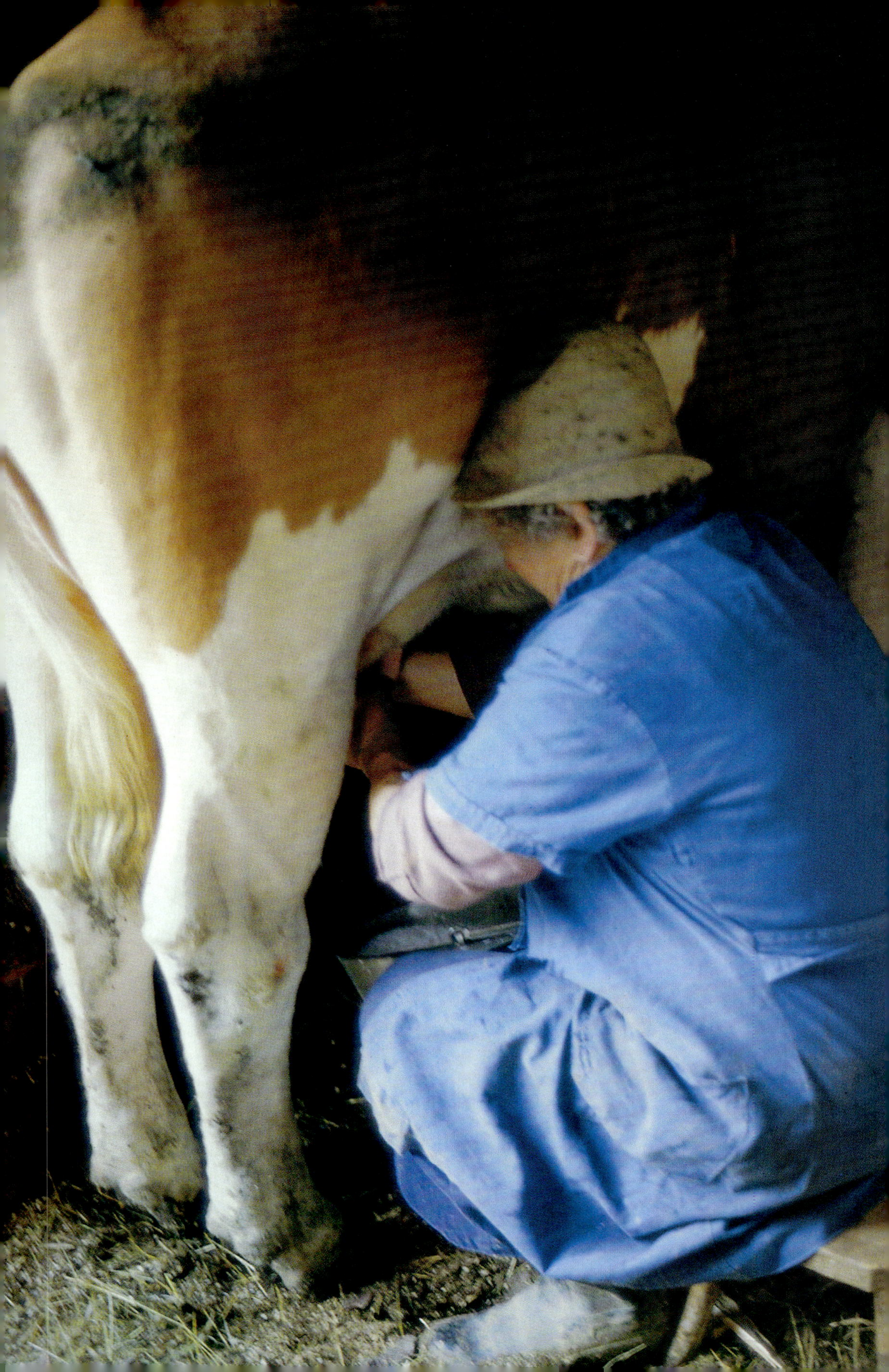

Die Anlaufalm

Vorhergehende Seite: die „Annerltant“ beim Melken auf der Anlaufalm – schon eine „historische“ Aufnahme. Oben der Luchsboden am Almstein und die Hanslalm (Dörflmoaralm) am Langfirst, rechts oben die Ebenforstalm und rechts unten die Gschwendtalm.

im Waldmeer

Abenteuer Hochschlacht

Wildes Hintergebirge: die „Naturbrause" des Hochschlachtbaches (links) und der exponierte Grat darüber (rechts) (der gesicherte Pfad verläuft etwas unterhalb davon). Nächste Seite: Mit Ski und Schneeschuhen geht's auch im Winter von der Breitenau auf den Trämpl.

Mit Ski & Schneeschuh

Abstecher ins

Kontrastprogramm: Der urige „Urwald“ auf der Feichtau (oben) und die nur selten aus der Nähe betrachteten „Stoanernen Manndln“ am Seehagel (rechts oben). Die trauliche Feichtauhütte bildet für beides den Ausgangspunkt.

Sengsengebirge

Felsen über

Naturwunder Sengsengebirge: der kleinere der beiden Feichtauseen im Tiefblick vom Schuttfeld, das der Nock-Anstieg quert (oben), und der schneidige Nock-Nordostgrat (rechts oben). Egal, welchen Weg man wählt – sie führen alle zum Gipfelkreuz auf dem höchsten Punkt des Nationalparks.

den Feichtauseen

Alte Spuren –

Die wild zerrissene Kampermauer (links oben) begrenzt das Hintergebirge im Süden. Auch im Randgebiet des Nationalparks findet man Waldwildnis (oben), und selbst „Klettersteigler" oder Biker kommen auf ihre Kosten. Nächste Seite: der „klassische" Blick vom Hochschlacht-Pfad in die Große Schlucht.

neue Wege

Das Sengsengebirge und die Feichtau

Das Buch wäre sicher unvollständig ohne einen Blick hinüber in das Sengsengebirge, das im Westen an das Reichraminger Hintergebirge anschließt. Knapp 20 Kilometer lang erstreckt es sich von Klaus im Westen bis zum Steyrsteg an der Krummen Steyrling im Osten; im Gegensatz zum zergliederten Hintergebirge zeigt es einen recht einheitlichen Kammverlauf, der sich nur im Bereich der 1963 Meter hohen Nock, dem Hauptgipfel der Gebirgsgruppe, zu einem kleine Plateau weitet. Geologisch bildet es mit dem Massiv des Größtenberges eine Einheit und besteht – wie dieser – aus großteils steil aufgefaltetem Wettersteinkalk, dessen schöne Wandbildungen dem Gebirge vor allem an der Nordseite seine hochalpine Prägung geben. Die nördlich vorgelagerten, niedrigeren und fast überall bis zum Gipfel bewaldeten Vorberge sind wie im Hintergebirge aus Hauptdolomit aufgebaut; ein in den Liaskalken des Rotgsolls (nördlich des Hauptkammes) eingelagerter Braunsteinflöz wurde in früheren Zeiten im Eselgraben abgebaut.

Als wichtigste Gipfel reihen sich von Westen nach Osten der Spering (1605 m), der „Hausberg" von Klaus, das Schillereck (1748 m), der Hochsengs (1838 m), der Rohrauer Größtenberg (1810 m) und nach der schon erwähnten Hohen Nock noch die Gamsplan (1902 m), das Brendl- oder Brandleck (1725 m) und schließlich das Steyreck (1592 m) über dem engen Tal der Krummen Steyrling und direkt gegenüber dem Größtenberg. Daneben erheben sich noch ein halbes Dutzend weiterer Hochpunkte zwischen diesen Bergen; dagegen erreichen im Norden – abgesehen vom Rotgsoll (1560 m) mit seiner hohen Gipfelwiese – die Waldmugel nur noch wenig über 1000 Meter Seehöhe. Während der Hauptkamm mit seinen Graten, Wänden und mannigfaltigen Karsterscheinungen wie riesige Dolinen oder Karstquellen das alpinste „Gesicht" im geplanten Naturschutzgebiet zeigt, sind die grünen Vorberge durch breite, sonnige Täler wie die Mollner Ramsau oder die Breitenau gegliedert und bilden mit ihren sanften, oft „kugelrunden" Formen einen reizvollen Gegensatz zum schroffen Hochgebirge.

Ebenso wie das Hintergebirge ist auch diese Bergwelt überaus reich an versteckten Naturwundern: Wer kennt zum Beispiel die Teufelskirche im vorderen Rettenbachtal, eine freistehende, natürliche Felsbrücke - nur eine gute Gehstunde von der künstlichen Erholungslandschaft um die Staumauer Klaus entfernt? Wer war schon unten in der Konglomeratschlucht der Teichl bei St. Pankraz, wer weiß um die einsame, längst schon verlassene Gireralm unter der Gamsplan, die Eislöcher am Steyreck oder den Leitersteig im Bereich der „Weißen Rieß"? Wer die Anfahrt durch die Breitenau nicht scheut, kann - nach kurzer Wanderung entlang der im Sommer stellenweise versickerten Krummen Steyrling - beim „Eisernen Hergott" an heißen Tagen im wahrlich „bacherlwarmen" Wasser baden - mutterseelenallein und in herrlicher, alpiner Lage -, oder zu Füßen der Nordwände im Gras der Blumaueralm faulenzen ...

Die Krone aller landschaftlichen Schönheit im Sengsengebirge gebührt aber sicherlich der Feichtau. Wer einmal über das Almplateau mit seinem Urwald von wetterzerzausten Fichten im Angesicht der Nock- und Seehagel-Nordabstürze gewandert ist, die ruhige Abendstimmung auf der Hüttenbank vor dem Brunnen genossen oder sich an einem brennheißen Hochsommertag in einem der beiden kristallklaren Feichtauseen erfrischt hat, der wird diesen Platz wohl nie mehr vergessen können. Wie viele Erinnerungen ranken sich um die kleine wettergebeizte Selbstversorgerhütte unserer Steyrer AV-Sektion, die seit nunmehr gut 60 Jahren das Gebirge als Stützpunkt erschließt! Seit sie am 30. September 1921 nach jahrelangen Bemühungen endlich gepachtet werden konnte, wird sie ständig gepflegt, verbessert und als heimeliges Bergsteigerdomizil gewartet; zwischenzeitlich war sie sogar zweimal bewirtschaftet, heute steht sie wie eh nur dem Selbstversorger zur Verfügung. Längst schon ist die alte „Polzhütte" auf der Alm, wo man einst Milch und Butter von der Sennerin erhalten konnte, verfallen. Dafür entstand mit Hilfe des Nationalparks eine neue Almhütte, die „Feichtaualm". Die 50 Hektar Weidefläche (insgesamt umfasst die Servitutsalm mit fünf Berechtigten mehr als 600 Hektar Fläche) wird heute wieder bestens gepflegt und allsommerlich von 54 Jungrindern, sechs Milchkühen und drei Pferden bevölkert. Rosa und Gerhard Rettenbacher kümmern sich nicht nur um die mustergültig geführte Almwirtschaft, sondern stärken hungrige Sengsengebirgswanderer auch mit Almspezialitäten und hofeigenen Köstlichkeiten.

Die touristische Erschließung des Sengsengebirges begann eigentlich erst mit der Eröffnung der Feichtauhütte: Damals, in den kargen zwanziger - und dreißiger Jahren kamen die Bergfexe allerdings meist zu Fuß angestapft, oft von Trattenbach, Molln oder Reichraming über die Breitenau, um die ersten Kletterrouten durch die Wände zu legen. Wer ein Rad besaß, konnte immerhin bis in die Ramsau fahren oder von der Blumaueralm bzw. durch den Eselgraben und über das Rotgsoll zur Feichtau gelangen - letztere heute völlig vergessene Anstiege. Als Proviant dienten in diesen kargen Zeiten mitunter Forellen aus dem im Sommer fast ausgetrockneten Bach - die Findigkeit kannte da keine Grenzen! Über die extremeren Erstbegehungen durch die Nordwände um die Feichtau wissen wir leider nur mehr wenig, so etwa, daß Karl Winzig erstmals die Seehagel-Ostwand bezwungen und 1936 Gust Wecht und der Sensengewerke Rudolf Zeitlinger aus der Schmiedleithen bei Leonstein als Erste über die direkte Nordkante auf die Hohe Nock gelangten - noch heute gilt die Tour als „Fünfer“ nach der sechsstufigen Schwierigkeitsskala. Über den meisten anderen Touren sowie etlichen früher oft begangenen Hütten- und Gipfelwegen liegt heute der Schleier der Vergangenheit. Dafür wurde in den siebziger Jahren der gesamte westliche Gratverlauf vom Spering bis zum Schneeberg neu durchmarkiert und unterhalb des Hochsengs auf 1583 Meter Seehöhe die nach dem Mollner Jungmannschaftsführer benannte „Uwe Anderle - Biwakschachtel“ als Stückpunkt für die großartige Kammüberschreitung gebaut. Verantwortlich für diese Aktivitäten zeichnete die Mollner AV-Sektion, die es letztlich auch durchsetzen konnte, dass das gesamte Sengsengebirge 1976 zum Naturschutzgebiet erklärt und zur Kernzone des Nationalparks wurde.

Diesen Schutz verdient es auch in besonderem Maße. Rund um die Hochgipfel erschließt sich ein durchgehender Waldgürtel, ein hauptsächlich von Ahorn, Lärchen und Buchen durchsetzter Fichtenbestand, der bis zu 1700 Meter Höhe hinaufreicht, um dort in teils ausgedehnte Latschendickichte überzugehen. Abgesehen von den nur fünf markierten Steigen und der Biwakschachtel blieb das Gebirge bis auf den heutigen Tag in seiner ursprünglichen Schönheit voll erhalten, und über weite Strecken erinnert nichts an menschliche Anwesenheit. Umso mehr lassen sich die Spuren der Tierwelt verfolgen, deren Artenreichtum sich im Wesentlichen mit dem des Hintergebirges deckt.

Klimatisch wartet das Sengsengebirge ebenfalls mit einer Eigenheit auf. Bedingt durch seine Lage im Nordstau der Alpen, die Vorberge rund

600 m überragend und relativ weit nach Norden vorgeschoben, zählt der Kamm zu den niederschlagsreichsten Gebieten des Bundeslandes. So beträgt die durchschnittliche jährliche Niederschlagsmenge auf der Feichtau 2400 Millimeter, und Schneehöhen bis zu drei Meter sind im Winter keine Seltenheit! Schon mancher Schibergsteiger konnte ebenerdig durch das Oberlichtenfenster in den ersten Stock spazieren oder musste sich vom Dach bis zur Eingangstür hinuntergraben. Einmal soll von der Höhe nach langem Suchen überhaupt nur noch ein Spitzel des Rauchfanges im Schnee entdeckt worden sein. Ob Bergsteigerlatein oder nicht, ein „Schneeloch" ist die Feichtau allemal. Anfang der fünfziger Jahre wurden vom Gipfel der Hohen Nock durch das Nockkar bis zu den Seen hinab hochalpine Schirennen ausgetragen, später auch in kleinerem Rahmen im Hengstkar und am Haltersitz.

Auch der einsamkeitssuchende Schitourist findet im Sengsengebirge eine Menge lohnender Ziele wie etwa die großartige 1400-Höhenmeter-Abfahrt von der Hohen Nock nach Süden. Keinesfalls aber darf man sich zu einer Unterschätzung der Gefahren dieses einsamen Hochgebirges hinreißen lassen: Schon zu oft hat der „Weiße Tod" auch hier zugeschlagen! Als besonders gefährlich gilt der „Lawinenhang" am Hopfingerweg zur Feichtau, der heute durch eine markierte Wintertrassen-Umgehung weitgehend entschärft ist; noch 1973 wurde er einem jungen Burschen zum tödlichen Verhängnis. Eine Tafel im Nockkar erinnert auch an den 1955 dort mit seinem Sohn verunglückten Gustav Peters.

Das Sengsengebirge ist eine Heimstätte der Steyrer Alpenvereinsjugend. Von den ersten Instandsetzungsarbeiten nach der Pachtung der Feichtau- die Hütte besaß damals weder Türen noch Fenster, der Herd war verfallen und keine Lager oder Decken vorhanden - über die „wilden fünfziger Jahre", während der das gesamte Gebiet vom Militär gesperrt war und die Hütte nur „illegal" gewartet werden konnte, bis zur grundlegenden Hüttensanierung im Jahre 1985, als praktisch alle Bauteile der Hütte vom Sockel bis zu den Schindeln ausgetauscht wurden - immer waren die Jungen zur Stelle. Da marschierten sie statt auf die Gipfel lieber zwei- oder dreimal schwer bepackt zur Hütte und wieder ins Tal, und zum Bergsteigen kam man – wenn überhaupt – erst nach Feierabend! Dafür wird aber auch alljährlich die traditionelle Adventfeier hier heroben gestaltet; bei Kerzenschein und Weihnachtsschmuck, mehr oder weniger beschaulichen

Texten und frohem Singen immer wieder ein wunderschönes Erlebnis in der oft tiefverschneiten Hütte!

Bleibt zum Schluß nur noch die Frage, woher das Sengsengebirge seinen seltsamen Namen hat: Einst bildete die Herstellung von Sensen und anderen Werkzeugen in den zahlreichen Schmieden der umliegenden Täler eine Haupteinnahmsquelle der Bevölkerung; eine Sensenschmiede (in Rossleithen) ist bis heute aktiv. Vielleicht wanderte die „Sengs'n" über den (in alten Quellen auch die) Hochsengs als Bergname hinauf und blieb in seiner urtümlichen Weise bis heute erhalten. Vielleicht handelt es sich aber auch um ein „Gseng", also um eine Brandrodung – gleichnamige Lokalitäten finden sich etliche im Alpenraum...

Kanonendonner und Schlammschlacht: Von der „wertlosen Gegend“ zum Nationalpark

Der Eröffnung des Nationalparks Kalkalpen ging ein sehr lange dauernder Kampf zur ursprünglichen Erhaltung des Gebietes voran, der im Oktober 1981 begann, als die VOEST das Hintergebirge zur Testung ihrer umstrittenen Noricum- Kanonen benützen und allgemein absperren wollte. Unterstützt wurde das Vorhaben von der Gemeinde Reichraming, dagegen sprachen sich die Gemeinde Großraming und die damals gegründete überparteiliche Aktionsgemeinschaft Hintergebirge aus. Zahlreiche Proteste aus allen Teilen der Bevölkerung veranlassten die VOEST schließlich, ihren Antrag zurückzuziehen.

Die zweite große Bedrohung ging von der Ennskraftwerke-AG aus, die beabsichtigte, den Großen Bach durch zwei riesige Staumauern aufzustauen und den Laussabach dazuzuleiten. Dafür sprachen sich diesmal die Gemeinden Großraming und Reichraming sowie die Landtagsparteien ÖVP und SPÖ, insbesondere aber der damalige Landeshauptmann Ratzenböck, aus. Trotzdem gab es Widerstand und schließlich gelang es einer anfänglich kleinen Gruppe von Kraftwerksgegnern, einen Meinungsumschwung herbeizuführen. Ihre zähen und vielfältigen Bemühungen und Aktionen gipfelten im Sommer 1984 schließlich in der Besetzung der Kraftwerksbaustelle, die von den Ennskraftwerken ohne rechtliche Grundlagen begonnen worden war. Das führte zu einer Reihe von Prozessen gegen elf Umweltschützer, die wegen Besitzstörung zu einer sechsstelligen Strafzahlung verurteilt wurden. Zu einer Rehabilitation der Nationalpark-Vorkämpfer kam es auch bei der Nationalpark-Eröffnung nicht.

Schon 1983 entwickelte die Basisgruppe Hintergebirge ein Konzept zur Unterschutzstellung des Gebietes im Rahmen eines Nationalparks (wofür sie den Österreichischen Naturschutzpreis erhielt). Der Widerstand gegen das Projekt hatte aber auch politische Auswirkungen: Auf der einen Seite wurden Bürgerlisten in Großraming und Reichraming gegründet, auf der anderen mobilisierten Gewerkschaft und Parteien zahlreiche Befürworter eines Kraftwerksprojektes. Das Aus für die Kraftwerkspläne kam schließlich aus dem Wirtschaftsministerium, in dem man sich auf die Unwirtschaftlichkeit des Kraftwerksprojektes berief und damit die Diskussion beendete. Dafür begann nun die OMV mit dem Segen (und auf dem Grund) der katholischen Kirche im Gebiet der Viehtaleralm, am Abhang der Bodenwies, mit Tiefbohrungen (die nach anhaltenden Protesten 1993 wegen Erfolglosigkeit eingestellt wurden).

1989 erteilte auch die oberösterreichische Landesregierung dem Projekt eine Absage und griff die einst so abgelehnte Idee des Nationalparks auf: Eine Nationalpark-Planungsstelle wurde eingerichtet. Gleichzeitig schlossen sich zahlreiche Alpin- und Naturschutzverbände zum „Mollner Kreis“ zusammen, um das Projekt kritsch zu unterstützen und zu forcieren. Nach jahrelangen und nicht immer konfliktfreien Verhandlungen zwischen den Landesplanern und den Grundeigentümern wurde im Juli 1997 ein zumindest 165 km^2 großer und bald auch von der IUCN international anerkannter „Nationalpark Kalkalpen“ eröffnet: Weite Teile des Hintergebirge einschließlich der Großen Klause liegen in seinem Bereich.

Kanonendonner und

Die „Gegenprojekte“ zum Nationalpark: Diese Bull-Kanone schoss bereits ins Föhrenbachtal (oben), und so hätte die erste Staumauer fünf Kilometer südlich von Reichraming ausgesehen (rechts oben). Prominente wie Univ.-Prof. Dr. Berndt Lötsch unterstützten die Naturschützer. Umseitig: Erinnerungen an die „Besetzung“ der Kraftwerksbaustelle – und die folgende Gerichtsverhandlung.

Schlammschlacht

KEINE
BETONMONSTER
IM

Vom Kraftwerks-Saulus zum Nationalpark-Paulus: der damalige Landeshauptmann Josef Ratzenböck und der inzwischen verstorbene Reichraminger Bürgermeister Udo Block bei der Eröffnung des zweiten Radweg-Teilstücks (1987, oben). Schon ein Jahr zuvor hob NABg. Helmut Kukacka den Schranken für die erste Etappe, die zunächst nur an Sonntagen bis zur Großen Klause frei war.

Besucherlenkung: Im eisigen November 1986 bauten die Bergführer Klaus Hoi (aus Öblarn im Ennstal) und Hugo Stelzig (aus Gmunden) den historischen Triftsteig durch die Große Schlucht zum Klettersteig aus. Rechts eine der ersten Kontroll-Begehungen im darauffolgenden Frühjahr, bei denen die von Lawinen zerstörten Seile und Stahlanker wieder hergerichtet wurden.

Wandern mit Kindern

Nicht allein das ABC
bringt den Menschen in die Höh'.
Wilhelm Busch

Mehrere Wege gibt es, unsere Kinder auf ihr Leben als Erwachsene vorzubereiten und sie zu lebenstüchtigen Menschen zu erziehen. Einige führen über die Kultur, das Erlernen eines Instrumentes, Zeichnen und Malen, Werken und Basteln; ein anderer über den Sport, das Turnen und Spielen; ein wesentlicher aber ist im Wandern zu erblicken. Das Wandern ist nicht nur eine sportliche und gesunde Übung für den Körper, sondern eine Erziehungsmöglichkeit, die ohne viele Worte Fähigkeiten im jungen Menschen entwickelt und Erkenntnisse aus Erfahrungen gewinnen läßt: Der vergessene Pullover wird schmerzlich empfunden, wenn Nebelschwaden die Kälte, die man an diesem Morgen nicht vermutet hätte, sogar sichtbar machen. Die Erfahrung, dass das Wichtigste in unserem Leben immer noch Wasser, Brot und Wärme sind, was wir alle in unserem plastikverbrämten Alltag beinahe schon vergessen haben; das Gewitter, das sich drohend über uns zusammenballt, zeigt uns die Abhängigkeit von der Natur sehr deutlich und lässt uns unsere Kleinheit und Ohnmacht angesichts des gewaltigen Naturgeschehens erst bewusst werden.

Die junge Fichte unter dem dürren, vom Blitzschlag halb verbrannten Stamm einer alten Wetterfichte zeigt uns aber auch, dass Leben sehr, sehr hartnäckig ist.

Die wichtigste Erkenntnis aber, die Kinder aus dem Wandern unbewusst ziehen und mit ins Leben nehmen: Die Anstrengung ist Teil des Erlebnisses, untrennbar mit dem Gipfelglück verbunden!

Immer spreche ich davon, dass Kinder von uns das Wandern lernen sollen und wir damit ihr Leben beeinflussen könnten. Meist aber habe ich auf den Wanderungen mit meinen Kindern das Erleben gelernt. Beim Aufstieg von Wendbach zu den Mösern etwa rasteten wir an einem unbedeutenden Rinnsal. Während ich die Karte studierte, hatte mein Sohn

Für Kinder ist die Schüttbauernalm am Fuß der Bodenwies ein herrlicher Spiel- und Abenteuerplatz.

Georg schon die Vorbereitungen zum Bau des ersten „Mösern-Staudammes“ getroffen und aus dem unbedeutenden Rinnsal war ein bedeutendes Projekt von zeitraubender Tragweite geworden. Ein Staubecken war schon geschaffen, als ein bis dahin unbekanntes Tier die schmutzigen Wellen durchpflügte: Eine Molchlarve versuchte sich der Beobachtung zu entziehen, was ihr nicht gelang. Meine Tochter Eva unterzog sie einer „wissenschaftlichen Untersuchung“ und stellte enttäuscht fest, daß ihr Pflegetrieb, der sich im Einsperren des Tieres in einem schnell gegrabenen Tümpelchen äußerte, nicht geschätzt wurde: Die Larve vergrub sich im Schlamm und war nicht mehr zu finden. Die Tierpfleger suchten rasch nach Ersatz und fanden ihn auch in Form einer ganzen Menge Köcherfliegenlarven, deren langsame Bewegungen eine Flucht nicht so leicht möglich machten. In mir erwachten Erinnerungen an manche Stunde, die ich als Kind an Bächen verbracht habe; und wir gingen gemeinsam auf Entdeckungsreise durch dieses kleine Rinnsal, das Lebensraum einer Fülle von Wesen war und für viele Tiere Heimat und Jagdrevier bedeutete. Ohne meine Kinder wäre ich achtlos daran vorbeigegangen und hätte dabei das Wichtigste vergessen, nämlich, dass „Erlebnis“ immer etwas sehr Subjektives ist, das nicht vorgeplant werden kann. Geplant können nur Weg und Ziel einer Wanderung werden, die Erlebnisse ergeben sich dann (hoffentlich) von selbst und nähren später die Erinnerungen.

Oft sind es nur unbedeutende Einzelheiten, die in Gedanken wieder auftauchen, wogegen die großartige Rundschau vom Gipfel, auf die man sich tagelang vorher schon gefreut hat, verblasst: ein Waldgrat etwa, mit alten Buchen bestanden; ein Fuchs, den man überrascht hat; ein Sonnenstrahl im Hochwald, der den Nebel durchbricht; eine einsame Jagdhütte auf einer Waldlichtung, deren Boden vom Moos überwuchert ist; ein kleiner Bach mit vielen Tieren, die man bisher nicht beachtet hat; die Wärme eines Herbsttages im Gesicht; ein Ameisenhaufen, Dachsspuren, ein flüchtender Hirsch, ein Birkhahn, ein Mensch, der einem begegnet und kein Mensch, der einem begegnet; alles das ist nicht planbar und ergibt sich – oder nicht.

Wenn man Kinder nach der Wanderung fragt, was für sie schön war, wird man fast immer Überraschungen erleben: der Feuersalamander im Hochwald, wie Georg in den Dreck geflogen ist, wie die Kuh den Schwanz gehoben hat, der Käse auf der Alm, als wir endlich oben waren,

. . . kein Sonnenuntergang, keine majestätischen Gipfel und keine großartige Rundsicht, oft Banalitäten und Kuriositäten, aber alles selbst erlebt und aus keiner Konserve!

Fast immer hängen Erlebnisse der Kinder mit Wasser zusammen. Kinder können sich dem Wasser nicht entziehen! Es ist ein unerschöpfliches Element für kreative Ideen und Beschäftigungen, kostenlos und gerade im Hintergebirge noch überall in reinstem Zustand vorhanden.

Ein besonders schönes Spieleldorado stellt zum Beispiel die kleine Ebene dar, die der Sitzenbach hinter der ehemaligen Sitzenbach-Klause gebildet hat. Das Bächlein fließt dort durch Schotterflächen und ist, in mehrere Nebenflüsschen aufgeteilt, überall von den Kindern beherrschbar. Außerdem liegt – durch das Frühlingshochwasser angeschwemmt - überall „Bauholz" herum. Ein Stamm wird herbeigeschleppt und in den Bach geworfen. Freund Martin versucht, die Lücken mit Grassoden auszustopfen, Georg hilft eifrig mit, ohne zu bemerken, dass er mit den Schuhen schon im Wasser steht. Aber was machen auch nasse Füße, wenn das reißende Wasser immer wieder den Staudamm aufbricht und alle Arbeit zunichte macht! Eva hat die Sinnlosigkeit des Unternehmens längst eingesehen und beschäftigt sich schon intensiv mit der Wurst, die wir inzwischen am offenen Feuer gegrillt haben. Auch den Unmut der restlichen Dammbauer kann man leicht durch gebratene Würste ablenken.

Klares Wasser schießt den Berg herab: Das muß erforscht werden! Barfuß wird das Bachbett flussaufwärts durchwandert, Felsen werden übersprungen und Tümpel durchwatet, dann sperrt ein hoher Wasserfall den Weg; darunter lässt man sich voller Vergnügen in einen Tümpel platschen, dessen smaragdgrüne Farbe von der Reinheit des Gewässers zeugt. Wahrscheinlich wird niemand diesen Kindern mehr einreden können, es wäre gleichgültig, ob dieses Gewässer existiert oder nicht!

Ich bin nicht der Meinung, dass Wanderungen mit Kindern ohne Anstrengungen verlaufen müssten. Nur wenn Erwachsene sich des Jammerns nicht enthalten können, kann man von Kindern Durchhalten nicht verlangen!

Oft waren es wirklich anstrengende Touren, die den Kindern Freude machten. Am unbeliebtesten sind sicher „Straßenhatscher", die man oft gerade deshalb unternimmt, um den Kindern große Anstrengungen, etwa einen Aufstieg über einen steilen Hang, zu erleichtern.

Für meinen zehnjährigen Sohn war etwa der Marsch von Brunnbach über das Föhrenbachtal zum Ebenforst eine schöne Wanderung, die er gerne wiederholen möchte, obwohl ich vorher wegen der Steilheit des Geländes arge Bedenken hatte, das Kind überhaupt mitzunehmen. Hier wird wohl das Bewusstsein, etwas wirklich Anstrengendes geleistet zu haben, die Erinnerung geprägt haben.

Ist es nicht wichtig, Kinder erleben zu lassen, dass man trotz aller widrigen Umstände wie Hitze, körperlicher Anstrengung, Müdigkeit oder Durst weitergeht und das alles später wieder vergisst, das Bewusstsein der Überwindung der eigenen Schwäche aber bleibt?

Große Freude bereitet den Kindern immer wieder eine „Unbekannte" in der Tour. Zum Beispiel: Wir wollen zur Schreindlmauer, es gibt aber dorthin keinen markierten Weg! Plötzlich wird die mitgenommene Karte zum „Buch der Weisheit", aus dem alle Möglichkeiten herausgelesen werden können. Jede krumme Linie auf der Karte ist ein Graben, der mindestens 20 Minuten mehr Zeit kostet! Zwei Gräben, die man umsonst überwunden hat, lassen die Karte schon genauer studieren! Natürlich darf man für solche Spielereien nur relativ harmloses Gelände auswählen und muss selbst für die Korrektur der ärgsten „Verhauer" sorgen.

Wie schön ist es auch, ein Wanderziel unter alleiniger Führung der Kinder zu erreichen. Eine ausgiebige Gipfelrast lässt rasch die Anstrengung vergessen, mit der man sich durchs Gebüsch gekämpft hat.

Wandern mit Kindern im Hintergebirge ist bei guter Planung und Vorbereitung des begleitenden Erwachsenen fast immer ein Volltreffer, weil es viel Abenteuerliches verspricht und meist auch hält.

Gefahrlos ist es aber nicht, und es soll hier ausdrücklich gewarnt werden vor unüberlegten Wanderungen in dieses Gebiet. Gute Ortskenntnis muss der Erwachsene mitbringen und er sollte wissen, was er seinen Kindern zumuten kann und wo die Grenzen liegen.

Das Hintergebirge von A bis Z: Vorschläge für Wanderungen, Rad- und Mountainbiketouren

AHORNSATTEL, 1225 m: Wunderschöner Almboden zwischen Langfirst und Wasserklotz, Wegkreuz. Erreichbar auf bez. Wegen vom Hengstpass (1 Std.) bzw. vom Edelbacherreut (1 1/2 Std.) über die Dörflmoaralm oder von Weißwasser (2 1/2 - 3 Std.) über die Blabergalm, wo man auch bei den Quellen der „Sieben Brünn" vorbeikommt.

ALMKOGEL, 1513 m: Beliebter Aussichtsgipfel nördlich des Dürrensteigkammes, großes Gipfelkreuz von ÖAV und TVN. Allseits auf bez. Steigen erreichbar und zwar von Großraming über die Ennser Hütte (3 - 3 1/2 Std.), von Küpfern über die Stallburgalm (3 Std.) und von Kleinreifling über die unbewirtschaftete Saileralm (3 - 3 1/2 Std.). Sehr schöner Schiberg; im März findet der „Almkogellauf", ein hochalpines Skirennen mit Aufstieg per Fellen statt.

ALMSTEIN, 1443 m: Felsklotz über der Ebenforstalm, in manchen Karten auch „Alpstein" genannt; Kreuz und schöne Aussicht vor allem zum nahen Größtenberg und ins Sengsengebirge. Ein unbez. Steig leitet von der Ebenforstalm durch die Gaislucken und den Luchsboden zum Gipfel (1 - 1 1/2 Std.), im obersten Teil ist etwas Vorsicht geboten!

ANLAUF(BODEN)ALM, 982 m: Landschaftlich wunderschön gelegene Almwirtschaft der Weidegenossenschaft Großraming, Anfang Juni - Ende September bewirtschaftet, bei Schönwetter an Wochenenden auch länger. Betten und Matratzenlager stehen zur Verfügung, es gibt Almspezialitäten wie die „Kasjaus'n" (Topfen) aus eigener Produktion, Tel. 0663/9674142 oder 07254/7567. Der schönste Zustieg führt direkt von Brunnbach über die verfallene Kronsteineralm, den Kreuzweg, die Ortbauernalm und die Hochkogelstraße herauf (Nr. 488, 3 Std.), ein weiterer Weg vom Parkplatz am Ende der Brunnbacher Straße auf der Forststraße über den Hirschkogelsattel (westlich vorbei) nimmt 1 1/2 Std. in Anspruch (Nr. 490). Abstieg in die Große Schlucht über die Ortbauernalm bzw. Die Hochkogel-Jagdhütte auf dem Steig Nr. 487 oder auf dem Hochschlachtsteig (Nr. 485, tw. gesichert, Trittsicherheit notwendig).

ANNERLALM, 715 m: Verfallene Alm am östlichen Auslauf des Kienrückens; an einer Geländerippe- herrliche Sicht in die 200 m tiefer liegende Große Schlucht („Schluchtblick"). Auf dem Steig Nr. 487 vom Annerlsteg oder von der Wällerhütte in je 40 bis 50 Minuten.

ASTEIN, 1419 m: Sicher einen der kürzesten Namen in den Alpen trägt der felsige Kopf westlich des Wasserklotzes im südlichen Hintergebirge. Im Frühsommer sind die Schrofen von Petergstamm übersät, das brüchige Gestein bewahrt sie wohl vor „Blumenrupfern". Auf dem Verbindungskamm zum Wasserklotz überrascht uns parkartiger Buchenwald. Weglos von der Dörflmoaralm in 1 Std. erreichbar.

BERGERALM, 737 m: Schöne und gut erhaltene, aber unbewirtschaftete Alm über der Vorderen Saigerin, eine 3/4 Std. südlich von Weißwasser (unbez. Karrenweg).

BLABERGALM, 1041 m: Westlich über der Bergeralm gelegen, von Weißwasser in 1 1/2 Std. auf Forststraße bzw. oben auf einem Steig erreichbar, vom Ahornsattel in etwa 1 1/2 Stunden auf einem bez. Weg (Nr. 475). Leider verfallen die Hütten. Das Knappenhaus, das einst unterhalb der Alm lag, wurde nach den alten Maßen in Unterlaussa wieder aufgebaut.

BODENWIES, 1540 m: Höchster Gipfel des Dürrensteig-Gebietes, vom Kreuz tut sich eine herrliche Rundschau auf! Markierte Wege führen von der Niglbauernalm (Schigebiet) über den Nordkamm (Nr. 496, 2 1/2 Std.) oder von der Schüttbauernalm über das Sandgatterl (1 1/2 Std.) her-

Ein Holzknecht auf dem Heimweg über die damals schon etwas desolate (und heute völlig zerstörte) Hohe Stiege. Die Wege im Hintergebirge sind nicht kürzer geworden - aber sie werden heute von der Alpenvereinssektion bzw. der Naturfreunde-Ortsgruppe Großraming bestens betreut und markiert.

auf, ein unbez. Steig aus der Unterlaussa (Abzweigung 1 km östlich des „Dörfls") über die Langseit'n. Auch von der Mooshöhe kann man auf der Forststraße bis zur Viehtalalm (Waldbauernalm) wandern, von wo der Gipfel durch schütteren Wald ersteigbar ist (2 $^1/_2$ - 3 Std.). Schöner Schiberg!

BORSEE, 654 m: Letzter Triftsee in „Funktion", aufgestaut von der renovierten Schleifenklause. Von Schönau auf der Forststraße (bez.), 1 Std. Gehzeit; Übergang zur Menauer- bzw. Schüttbauernalm oder zur Niglbauernalm bzw. Sonnrißhütte möglich, bez., jeweils 1 $^1/_2$ Std.

BRENNHÖHE, 590 m: Straßenübergang (öffentlich befahrbar) zwischen Anzenbach und Brunnbach, schöner Wald und gute Sicht ins Hintergebirge. Besonders lohnend ist eine Radtour hier im Herbst (unbez., 1 $^1/_2$ Std. von Anzenbach nach Brunnbach).

BRUNNTALMAUER, 1183 m: Nördl. Vorgipfel des Fahrenberges, langgezogene Schrofenschneide mit tw. urigem Mischwaldbestand. Erreichbar von KW Großraming über die Habichleralm (unbez. Steig, 3 Std., lohnend) oder aus dem Rodelsbach- bzw. Steingraben (Unbez. Steig, nicht leicht zu finden 2 $^1/_2$ Std.).

DÖRFLMOARALM, 1199 m: Lieblich gelegene Alm südl. des Langfirstes, auf bez. Forststraße in $^3/_4$ Std. vom Hengstpass erreichbar. Hübsche Almhütte, daneben leider Betonstall. Wird im Sommer noch zeitweise bewohnt.

EBENFORSTALM, 1105 m: Große Alm mit sehr sauberen Hütten, je nach Witterung von Anfang Mai - Ende September bewirtschaftet, Jausenstation, Nächtigungsmöglichkeit, Tel. 03632/7148 oder 0663/9674143. Ausgangspunkt für Trämpl und Almstein. Ein bez. Steig führt aus dem Bodinggraben in 1 $^1/_2$ Std. herauf (unbez. Variante möglich), von Reichraming durch den Wilden Graben, leider großteils auf Forststraßen, in 3 Std. zu erwandern. Nördlich unter der Alm liegt eine saure Wiese, die viele botanische Raritäten birgt.

EDELBACHERREUT, 1033 m: Sehr aussichtsreich am Südhang des

Augustinkogels, 1 1/2 Std. über Rosenau gelegen (auch Straßenzufahrt). Hübsche tw. noch bewohnte Hütte. Guter Ausgangspunkt für Touren im südl. Hintergebirge!

ENNSER HÜTTE, 1293 m: Selbstversorgerhütte der Naturfreunde, im Sommer an Wochenenden bewirtet, 34 Betten, 40 Lager. Von Großraming zu Fuß 2 1/2 Std. bzw. nach PKW-Zufahrt zum Bamacher im Oberpleißatal 1 Std. auf bez. Steig. Neu markierter Übergang über die Blaulucke zum Brunnbacher Gamssteig und zur Gschwendtalm, 1 Std..

FAHRENBERG, 1253 m: Massiger Waldberg südöstl. von Reichraming, trotz schöner Aussicht kaum besucht. Erreichbar am besten vom Lumplgraben (Abzweigung beim Klettergarten) über das Gscheiderhäusl (Straßenzufahrt) und das Mittereck, unbez. und tw. weglos, 3 - 3 1/2 Std.

FÖHRENBACH: Das Föhrenbachtal (es gibt eigentlich zwei: den großen und den kleinen Föhrenbach) unter dem Kienrücken ist eines der letzten wirklich noch völlig unberührten Täler Oberösterreichs. Nur ein unbez. Steig führt von der Mündung in den Großen Bach (dieser muß durchwaten werden) in das wildromantische Tal, in das einmal VÖEST-Kanonen hätten schießen sollen. Herrlicher Waldbestand, zahlreiche Katarakte und Boding (Tümpel) im Bach. Durchquerung bis zum Boßbretteck (Föhrenbacheck) nur für Geübte, unbez., 2 Std., wegloser Aufstieg vom Föhrenbacheck über die Gratschneide zum Luchsboden und zur Ebenforstalm möglich (2 1/2 Stunden ab Föhrenbacheck).

GAMSSTEIN (BRUNNBACHER), 1275 m: Beliebter Ausflugsgipfel über der Gschwendtalm, Kreuz, gute Aussicht nach Süden in die Haller Mauern und über das Hintergebirge. Bez. Steig, 3/4 Std. von der Alm, oder von der Ennser Hütte (1 Std.).

GROSSE KLAUSE, 480 m: Einstmals zentrale Triftanlage im Hintergebirge, heute nur noch wenige Reste sichtbar, interessante, schluchtartige Engstelle im Tal des Großen Baches (Wagemutige können in den Klaustümpel köpfeln!). Die Klamm ist am besten zwischen den beiden Straßentunneln einzusehen. Südlich breitet sich eine Schotterschwemmfläche aus, die im einstigen Klaussee entstanden ist; sie ist umsäumt von urigem Auwald. 200 m südlich der Großen Klause steht die letzte noch „gehackte“ Klaushütte im Hintergebirge, sie stammt aus dem Jahre 1756. Hier sollte die zweite, 80 m hohe Staumauer entstehen.

Zur Großen Klause kommt man von Reichraming auf der „Waldbahnstrecke“ – immer neben dem Bach – mit dem Rad in etwa 1 – 1 $^1/_2$ Std. – zu Fuß weniger zu empfehlen, da ist es von Brunnbach über den Kreuzweg schöner (bez. Steig, 1 $^1/_2$ Std.).

GROSSE SCHLUCHT, 515–536 m: Schaustück des Hintergebirges: 200 m tief eingesenkter „Cañon“ zwischen Kienrücken und Hochschlacht, eine gut 2,5 km lange Schlucht mit nahezu unberührten, geologisch einzigartigen „ererbten Mäandern“ (d.h., der Bach senkte sich schon vor der Alpenhebung im Schotterboden ein. Als er festen Felsengrund erreichte, konnte er dem einmal gewählten Bett nicht mehr entweichen und fräste sich in dieser sonderbaren und durch keinerlei Tektonik vorgegebenen Form tiefer). Herrliche Badetümpel! Vom Hochschlachtgrat wurde noch in der Zwischenkriegszeit Holz in Riesen heruntergebracht (Reste dieser Anlage sind für „Pfadfinder“ noch auffindbar). Hoch über der Schlucht, auf dem orographisch linken Ufer, führte die „Hohe Stiege“ als kühnster Hintergebirgs-Steig vom Annerlsteg zur Wällerhütte; der alte „Italienersteig“ (er wurde von italienischen Arbeitern angelegt) führte fünf bis zehn Meter über dem rechten Ufer durch die Schlucht. Dieser Steig wurde 1986 saniert und als Klettersteig versichert, er ist in dieser Form weltweit einmalig und vermittelt unvergessliche Eindrücke. Die Begehung dieses „Schlucht-Klettersteiges“ erfordert ein wenig Schwindelfreiheit und Trittsicherheit; Ungeübte oder Kinder sollten unbedingt mit einem Brustgeschirr, Reepschnur (10 mm) und Karabiner über die hangseitig angebrachten Drahtseile gesichert werden. Begehung auf eigene Gefahr!

Der Klettersteig beginnt am Annerlsteg und endet knapp vor dem Schlucht-Eingang am Zusammenfluß von Schwarzem- und Haselbach. Erreichbar mit dem Rad von Reichraming in ca. 2 Std., zu Fuß von Brunnbach über den Kreuzweg und die Großortbauernalm in 1 $^1/_2$ - 2 Std., von der Anlaufalm über die Hochschlacht (nur für Geübte) in 1 Std. bzw. über die Hochkogelstraße und den Steig Großortbauernalm – Annerlsteg in

1 $^{1}/_{2}$ Std.; von Weißwasser durch den Graben des Schwarzen Baches (Forststraße) $^{3}/_{4}$ – 1 Std. Eine Wanderung durch die Große Schlucht sollte möglichst mit einem Besuch der ehem. Annerlalm („Schluchtblick") verbunden werden.

GROISS'NALM, 1200 m: Wunderschöner Almboden im südl. Hintergebirge, knapp nördl., des Langfirst-Augustinkogel-Kammes gelegen. Besonders schön im Herbst, wenn die vielen Lärchen „brennen"! Der alte Almstadl verfällt leider zusehends; im Sommer werden noch Pferde und Jungvieh aufgetrieben. Von der Edelbacherreut auf bez. Karrenweg in $^{1}/_{2}$ Std. erreichbar, Weiterweg zur Weingartalm (bez.) ist derzeit durch Verwachsung eines Holzschlages kurz vor der Weingartalm nur schlecht zu begehen, 1 Std., zur Wohlführeralm (unbez. und tw. nicht leicht zu findender Steig) 1 Std. Östlich der Alm im Quellgebiet des Sitzenbaches, liegt eine moorartige „Märchenwiese"; in den Abhängen des Hundskogels und des Hundsecks finden sich noch urige Waldbestände.

ORTBAUERNALM, 817 m: Verlassene Alm auf dem Höhenzug zwischen Brunnbach und dem Großen Bach, schöner Blick auf den Grösstenberg. Wichtiger Kreuzungspunkt mehrerer Wanderwege: Von Brunnbach entweder auf der Forststraße (unbez., 1 Std.) oder über den Kreuzweg (bez. Steig, 1 $^{1}/_{2}$ Std.), Weiterweg zur Anlaufalm (bez. 1 Std.), zur Keixenhütte und zum Großen Bach (bez., $^{1}/_{2}$ Std.) und zum Annerlsteg (unbez., $^{1}/_{2}$ Std.). Ein versteckter Steig (unbez.) führt auch zur Großen Klause hinunter ($^{1}/_{2}$ Std.).

GSCHWENDTALM, 954 m: Herrlich gelegene, urtümliche Alm am Brunnbacher Gamsstein, schöne Sicht über das östl. Hintergebirge und die Haller Mauern. Anfang Mai - Ende September bewirtschaftet, Jausenstation, Nächtigungsmöglichkeit, Tel. 07254/8489. Von der Gschwendthöhe in $^{3}/_{4}$ Std. erreichbar (Markierung Nr. 491), Ausgangspunkt für den Brunnbacher Gamsstein (1 Std.), Übergang zur Ennser Hütte (1 Std.) und auf den Almkogel.

GRÖSSTENBERG, Kleiner 1720 m, Großer 1724 m: Höchster und wuchtigster Gipfel des Reichraminger Hintergebirges, gehört geologisch noch zum Sengsengebirge, von dem er durch die Schlucht der Krummen Steyrling getreten ist. herrliche Waldbestände umgeben den Doppelgipfel, Latschendickichte bedecken seine Kuppen. Auf dem Hauptgipfel steht ein Kreuz der Alpenvereinssektion Großraming zum Gedenken an die verunglückten Kameraden. Die Sicht ist sehr weitreichend; vom Großen vor allem über das Waldmeer zwischen Ennstal und Hengstpaß, vom Kleinen besonders schöner Tiefblick in die Steyrlingschlucht. Versteckte Pfade umrunden den Berg (Brandlsteig, Falkenmauersteig).

Bez. Steig (Steinmanndln) von der Weingartalm durch das Halterhüttental in den Sattel zwischen beide Gipfel, von dort durch eine Latschengasse auf den Großen und „wild" auf den Kleinen Größtenberg, jeweils 2 Std. Ein kaum zu findender Steig führt auch vom Langmoos über die Falkenmauer und durch das oberste Ahorntal in diesen Sattel (unbez., 3 - 4 Std.), weglos kann man auch durch das Ahorntal bzw. westl. davon über sehr steile Waldhänge aufsteigen (sehr mühsam! 3 Std. von der Schaumbergalm).

Der Größtenberg gilt im Winter - wenn genug Schnee die Latschen zudeckt! - als schöner Schiberg (erreichbar vom Haslers Gatterl bzw. vom Edelbacherreut in ca. 2 Std.), beste Abfahrt vom Hauptgipfel über den Südosthang (Lawinengefahr!).

HANSLALM, 1200 m: Im Bereich der Dörflmoaralm am Südabhang des Langfirtsts, nördlich vom Hengstpass gelegen, Ende Mai - Ende September bestoßen, Vermietung für Selbstversorger, Tel. 07562/7691. 1 Std. Vom Hengstpass (Forststraße, Nr. 40; Übergang auf gutem Steig über den Ahornsattel zur Blabergalm und nach Weißwasser (1 1/2 Std.) bzw. Auf der Forststraße nach Unterlaussa (3 Std), Markierung Nr. 475. Übergang auf Forststraße und Steig zum Edlbacherreut und über den Wurbauerkogel nach Windischgarsten (3 1/2 Std., Nr. 475).

HANSLGRABEN: Romantischer Graben vom Rußgraben (Hengstpass-Bundesstraße) zum Steinfeldnerreut, 1040 m, südlich des Langfirst-Kammes. Unbekannter, aber lohnender Zugang ins Gebiet Stummerreutmoos bzw. Dörflmoaralm, unbez. Karrenweg (tw. zerstört, aber gut begehbar), 1 – 1/4 Std.

HASELSCHLUCHT: Eindrucksvolle Schluchtmündung in der Nähe der Wällerhütte, von der dortigen Forststraße auf einem kurzen, schlecht erhaltenen, unbez. Steig erreichbar. Das Wasser wird aus einer Karstquelle (Goldloch) und den vom Langfirst abfließenden Bächen gespeist.

HASLERS GATTERL, 1154 m: Einsenkung zwischen Kleinerberg (Sender) und Augustinkogel, südwestliches Eingangstor zum Hintergebirge. Straße von Windischgarsten über den Wurbauernkogel und Muttling (bez., 2 Std.), auch auf dem bez. Leitersteig von Windischgarsten erreichbar (2 Std.). Weiterweg über Rumplmayerreut und Steyrsteg in den Bodinggraben (bez., 2 - 2 1/2 Std.) oder zur Weingartalm (bez., 1 1/2 Std.) möglich.

HIESELBERG, 849 m: Großraminger Hausberg, vom Bahnhof in 1 Std. zu ersteigen (bez.). Unbez., aber leicht zu findender Weg auch von Süden aus dem Lumplgraben. Kreuz, hübsche Aussicht in die Umgebung.

HOCHKOGEL, 1157 m: Hausberg der Anlaufalm, etwas verwachsen, aber trotzdem schöne Aussicht, besonders nach Süden (Gesäuse). In 3/4 – 1 Std. von der Alm über den aussichtsreichen Klausriegel (Weidebuckel über der Hütte) erreichbar, unbez., aber Steigspuren.

HOCHSCHLACHT: Vielleicht der schönste Hintergebirgssteig, begleitet den Hochschlachtbach zwischen Schleierfall und Anlaufalm, tw. über den ausgesetzten Dolomitgrat (Tiefblick in die Große Schlucht!). Im Sommer herrliche Bademöglichkeiten in den „Boding“ (Tümpeln). Bez., aber tw. sehr steiler und ausgesetzter Steig, teilweise gesichert, nur für Geübte, 1 1/2 Std. vom Schleierfall zum Almboden.

HÖHENBERG, 1320 m: Westl. Vorgipfel des Dürrensteigkammes, von den Bundesforsten arg in Mitleidenschaft gezogen (Kahlschläge und Forststraßen), aber hübscher und einsamer Aussichtsberg. Erreichbar von Brunnbach über den Kühboden, unbez., tw. weglos, 3 Std.

JÖRGLGRABEN (auch Pölzlgraben genannt): Romantisches Tal zwischen Größtenberg und Kienrücken, Forststraße.

KAMPERMAUER, 1394 m: Felsiger Wandvorbau des Schwarzkogels, sehr eindrucksvoll über der Puglalm (Hengstpass) gelegen. In den wild zerklüfteten Dolomitmauern horsten noch Adler.

Der Karl-Rumplmayr-Steig (bez.) führt von der Puglalm auf einen Randzacken mit Kreuz, $^{3}/_{4}$ Std.

KLEINERBERG, 1287 m: Südwestlicher Ausläufer des Hintergebirges, auf dem Gipfel Sender und Flugdrachen-Startplatz. Straße über Haslers Gatterl bis zum Gipfel (unbez., 2 $^{1}/_{2}$ Std.), über den Schafsteig (bez.) 2 $^{1}/_{2}$ Std. von Windischgarsten bzw. 1 Std. vom Wurbauernkogel (Sessellift).

KREUZWEG, 800 m: Waldlichtung am Pleißaberg, wichtiger Kreuzungspunkt von Wanderwegen: Aufstieg von Brunnbach über die verf. Kronsteineralm (bez., 1 – 1 Std.), auf der Straße oder auf unbez. Weg vom Rauchgrabnerhof (1 Std. der Brücke vor dem Gh. Stonitz) oder Steig durch den Schafgraben (vom Parkplatz beim Forsthaus am südl. Ende der Brunnbacher Straße; nur mit Tafeln bez., 1 Std.). Abstieg zur Großen Klause (bez. Steig, 20 Minuten, Weiterweg zur Großortbauernalm (bez., $^{1}/_{2}$ Std.) und weiter zur Anlaufalm (bez.).

KRONSTEINERALM, 590 m: Verfallene Hütte auf hübscher Wiese mit Obstbäumen, liegt am bez. Weg von Brunnbach über den Rauchgrabner zum Kreuzweg ($^{1}/_{4}$ Std. vom Plaißabach über das „Fichtenstadion“).

LANGFIRST, 1469 m: Langgezogener Hügel- und Bergzug im Süden des Hintergebirges, umfasst nahezu das gesamte Einzugsgebiet der Krummen Steyrling und aller Zuflüsse des Großen Baches. Herrlicher Waldgrat mit uriger Vegetation (auch Zirben) und einzelnen, drachenkammähnlichen Felsmauern (direkte Überschreitung verlangt leichte, aber tw. ausgesetzte Kletterei!). Erreichbar vom Ahornsattel (unbez. und weglos, $^{3}/_{4}$ Std.) oder von der Groißnalm über die Wohlführeralm (unbez., Steigspuren bzw. auf der Forststraße, 2 Std.; man kann bei der Überschreitung einen Steig (unbez.) südlich der Felsen benutzen). Der Hauptgipfel wird auch „Firsthaupt“ genannt.

LANGLACKENMAUER, 1482 m: Felsiger Gipfel im mittleren Dürrensteigkamm, Kreuz; wird bei der Dürrensteig-Überschreitung „mitgenommen“ (Trittsicherheit nötig, Felsgelände!), kann aber auch von Brunnbach über den Kühboden erstiegen werden (ab Kühboden weglos, unbez., 3 - 4 Std.).

LAUSSABAUERNALM, 790 m: Private Almwirtschaft 3 km östlich vom Hengstpass, knapp südlich der Bundesstraße. Jausenstation, guter Stützpunkt für Touren im südl. Hintergebirge, besonders für Jugendgruppen geeignet, Campingmöglichkeit auf Anfrage. Vom 20. 5. – 10. 10. bewirtschaftet, Nächtigungsmöglichkeit, Tel. 03632/603.

LEITERSTEIG , bez. Weg von Windischgarsten zum Haslersgatterl, der durch eine schöne Waldschlucht führt. Teilweise rutschgefährdeter Steig. Schöne Anstiegsmöglichkeit zur Mayralm und zum Steyreck.

LUCHSBODEN: Freier, langgezogener Almboden südlich des Almsteins, im Sommer noch beweidet. Wird beim Aufstieg von der Ebenforstalm zum Almstein überschritten; unbez. Steig, $^3/_4$ Std. von der Alm.

MAYRALM: Unbewirtschaftete Alm am Fuße des Steyrecks, erreichbar vom Haslersgatterl auf unbez. Karrenweg (1 Std.).

MAYRREUT, 1107 m: Noch vor einigen Jahren bewirtschaftet und beliebtes Ausflugsziel, verfällt diese schöne Alm heute. Herrlicher Blick auf Größtenberg! Erreichbar auf unbez. Forststraße vom Haslers Gatterl bzw. von der Groiß’nalm (1 Std.), unbez. Steig aus dem Tal der Krummen Steyrling (Verbindungsweg zur Weingartalm – nicht leicht zu finden!). Westl. der Alm breiten sich schöne Weideböden aus.

MENAUERALM, 600 m: Almwirtschaft in Unterlaussa, 1 km von der Straße entfernt, oberhalb des Heimgutes Menauer, Zufahrtsmöglichkeit. Mitte Mai – Ende September bewirtschaftet, Nächtigungsmöglichkeit für Selbstversorger (hofeigene Produkte), Tel. 03631/208.

MÖSERN, 980 m: Übergang zwischen Wendbach (Trattenbach),

Molln (Breitenau), Reichraming und Losenstein (Name kommt von Moos = versumpfte Ebene). Bez. Wege, jeweils 2 - 3 Std., kein eigentliches Wanderziel, aber u.a. Ausgangspunkt für die lange Gratwanderung vom Schneeberg zum Ebenforst.

MOOSHÖHE, 846 m: Straßensattel zwischen Weißwasser und Unterlaussa (bis Weißwasser öffentl. befahrbar), Forsthaus und Bauernhöfe. Wird vor allem mit dem Rad gerne überschritten (Reichraming – Unterlaussa); Ausgangspunkt für Bodenwies (unmarkiert). 1 Std. von Unterlaussa, 1/2 Std. von Weißwasser. Beim Aufstieg mit dem Fahrrad sollte man den Hinweis der Familie Seebacher nicht übersehen, die neben ihrem Bio-Bauernhof eine Jausenstation mit hofeigenen Produkten betreibt und auch Übernachtungsmöglichkeiten anbietet.

NIGLALM, 820 m: Private, gut ausgestattete Gastwirtschaft mit Nächtigungsmöglichkeit, ganzjährig bewirtschaftet, im Schigebiet Viehtalalm, Tel. 07357/318. Straßenzufahrt von Kleinreifling, zu Fuß bez. Steig über den „Übergang" 2 1/2 Std., Übergang zur Schüttbauernalm (Weg Nr. 495/499) in 1 1/2 Std., Ausgangspunkt für die Bodenwies. Ausgangspunkt des „Schwoagerinnenweges".

PETERBAUERNALM, 740 m: Landschaftlich schön gelegene Almwirtschaft 4 km südöstlich vom Hengstpass im Bereich von Oberlaussa. Ende Mai - Anfang Oktober bewirtschaftet, Einkehrmöglichkeit (hofeigene Produkte), Tel. 03632/439.

PUGLALM, 873 m: Almwirtschaft und Jausenstation unter der Kampermauer, 2 km östlich vom Hengstpass. Ende Mai - Ende September bewirtschaftet, aber keine Nächtigungsmöglichkeit, Tel. 0663/9268155. Ganz in der Nähe befindet sich das urige Almgasthaus Lögerhütte an der Hengstpass-Straße. Hier ist ein Alm-Wanderweg geplant.

RABENBACH, EBENFORSTER BACH, WILDER GRABEN: Romantische Seitentäler des Großen Baches (westlich); der Wilde Graben ist durch eine Forststraße erschlossen (bez. Zustieg zur Ebenforstalm, 2 Std.), Kohlersgraben (Ebenforster Bach) und Rabenbach werden nur punktuell von Straßen berührt. In allen drei Gräben befanden sich früher Klausen, deren Reste z.T. noch erkennbar sind (Erdwall am Ebenforster Bach). Unbez. und tw. weglose Zustiege zur Ebenforstalm möglich, nur für Geübte, 2 Std.

ROSENEGGER ALM, 700 m: Schöner Almboden über der Mollner Breitenau, am bez. Weg in die Mösern, 1 Std. von der Breitenau.

ROTWAGMAUER, 1191 m: Felsiger Waldklotz nördlich der kleinen Siedlung Bodinggraben, schöne Aussicht. Von der Ebenforstalm auf dem Almweg, dann Straße nach Westen, dann links weglos auf den Kamm, unbez., 3/4 Std. von der Alm.

RUMPLMAYRREUT, 1095 m: Hübsche Alm unter dem Steyreck (Steyrleiten; Sengsengebirge) am Weg von Steyrsteg zum Haslers Gatterl (jeweils 1/2 Std.).

SCHAUMBERGALM, 1150 m: Verfallene Alm zwischen Trämpl und Größtenberg, noch vom Jungvieh beweidet. Herrliche Almwiesen bis zum Trämpl hinauf, erreichbar auf unbez. Steigen entweder von der Ebenforstalm (1 Std.) oder vom Parkplatz im Bodinggraben (1 1/2 Std.).

SCHÜTTBAUERNALM, 1065 m: Im Sommer bewirtschaftete Alm östlich der Bodenwies. Guter Ausgangspunkt für Wanderungen im südlichen Dürrensteigbereich, unbez. Straße vom Schildbauerngut in Unterlaussa, 1 1/2 Std. Auch vom Dörfl direkt über eine Steig durch die „Lang-seit'n“ (unbez.) zur Waldbauernalm und über das Sandtörl (ab hier bez.) erreichbar, 2 Std.

SCHNEEBERG, 1244 m: Reichraminger Hausberg; Gipfel verwachsen, aber sehr schöne Aussicht von der freien Kalblsau-Almwiese. Markanter Abbruch von der „Tannscharten“, von dort gehen immer wieder Erdrutsche aus. 1211 m. Unbez. Zustiege von den Mösern über den Schneebergrücken (1 Std.), von Reichraming durch den Schneeberggraben bzw. von der Sulzbachmündung über die Ortbauernhütte (jeweils 3 Std.). Markierung geplant.

SCHREINDLMAUER, 1293 m: Aussichtsreiche Felskanzel mitten im Wald zwischen Schneeberg und Ebenforst. Vom Ebenforst z. T. weglos bzw. auf unbez. Steig in 2 Std. erreichbar, vom Schneeberg immer auf dem südwärts führenden Kamm in 4 bis 5 Std.weglos.

SCHÜTTBAUERNALM, 1070 m: Almwirtschaft in herrlicher Lage (Blick zu den Gesäusebergen), Mitte Mai - Ende Oktober bewirtschaftet, Berggasthof ohne Strom, Nächtigungsmöglichkeit, hofeigene Produkte, Tel. 03631/203. Zufahrt mit PKW und Mountainbike möglich. Zu Fuß aus dem Laussatal (Forststrasse) 1 1/2 Std., Übergang zur Nigl- bzw. Viehtaleralm (Weg Nr. 499/495), 1 1/2 Std., Ausgangspunkt für die Bodenwies. Ausgangs- oder Endstation des „Schwoagerinnenweges".

SCHWARZKOGEL, 1554 m: Südlichster Hintergebirgsgipfel, steht isoliert südlich des Holzgrabens und über dem Hengstpass, Kreuz auf der „Tannschwärze", 1533 m, herrlicher Aussichtsberg! Vom Hengstpass (Spitzenbergalm) über die Tannschwärze oder über die verf. Menaueralm und den Verbindungskamm von der Kampermauer auf den höchsten Punkt, unbez. und im oberen Teil weglos, jeweils 2 - 2 1/2 Std. Im Winter sehr lohnender Schiberg, aber nicht lawinensicher.

SONNRISSHÜTTE, 800 m: Selbstversorgerhütte der Naturfreunde-Ortsgruppe Amstetten nahe des Schigebietes Viehtalalm. Nächtigungsmöglichkeit nach Anmeldung, Straßenzufahrt von Kleinreifling, zu Fuß über den „Übergang" (bez. Weg) 2 Std.

STALLBURGALM, 1032 m: Lieblich gelegene Selbstversorgerhütte der Naturfreunde Weyer, im Sommer an Wochenenden meist bewirtschaftet (Getränke erhältlich), Nächtigungsmöglichkeit. Auch im Winter guter Stützpunkt für das Almkogel-Burgspitzgebiet. Bez. Forststraße von Küpfern, 2 Std., Übergang nach Kleinreifling (Saileralm) möglich.

STEYRECK, 1592 m: Östlichster Gipfel am Ostrand des Sengsengebirges, erreichbar vom Haslersgatterl über den Weg zur verfallenen Mayralm. Von dort weglos dem Kammverlauf folgen. Der Gipfel selbst ist von Latschen überwuchert, bietet schöne Tiefblicke in die Bodinggrabenschlucht.

STEYRSTEG, 946 m: Kleine Talweitung an der Krummen Steyrling, knapp über dem Beginn der Schlucht zwischen Sengsengebirge und Größtenberg, öffentlich befahrbare Straße von Windischgarsten über Muttling, Haslers Gatterl und Rumpelmayrreut (bez., zu Fuß 2 $^{1}/_{2}$ Std. über Leitersteig). Bez. Weg in den Bodinggraben (1 $^{1}/_{2}$ - 2 Std.). Von hier kann man auch zum Mayrreut aufsteigen (unbez.), $^{3}/_{4}$ -1 Std.

STUMMERREUTMOOS, ca. 900 m: Letztes Hochmoor der gesamten Region, seltsame morphologische Bildung, z. T. noch ganz unberührt, aber schwerstens gefährdet (Drainage, Beweidung). Erreichbar von Rosenau über den Weißensteinerhof und das Stummerreut auf unbez. Straße, 2 Std. ($^{1}/_{2}$ Std. von der Abzweigung Stummerreut), aber auch weglos vom Weg Edelbacherreut - Dörflmoaralm ($^{1}/_{2}$ Std. bzw. 1 Std.) oder über das Bauernreut (unbez., ab Sattel weglos, 1 Std.) von der Hengstpassstraße. Durch den anschließenden Höllgraben, der mit einem Wasserfall bei Rosenau mündet, führt ebenfalls ein alter, nicht ungefährlicher Steig.

TEUFELSZAUN: Felsiger und steiler Kamm, der vom Brunnbacher Gamsstein nach Nordosten ins Restntal zieht. Nur für Geübte zu ersteigen! Zugang durch das Restntal vom Lumplgraben (unbez. und tw. weglos), 1 Std., oder von der Jagdhütte unter der Ennser Hütte auf der Forststraße, unbez., 1 Std.

TRÄMPL, 1424 m: Hausberg der Ebenforstalm, sommers und winters ein herrlicher Aussichtsgipfel (schöne Schiabfahrt über die Schaumbergwiese nach Süden!). Kreuz, Gipfelbuch. Gut ausgetretener Weg von der Alm über den Westrücken, 1 Std., weglos über die Wiese von der Schaumbergalm, $^{3}/_{4}$ Std. Eindrucksvoller Felsabsturz gegen die Ebenforstalm!

VIEHTALERALM, 820 m: Almwirtschaft bei der Niglalm am Fuß der Bodenwies, Straßenzufahrt von Kleinreifling, Skigebiet. Mitte Mai - Mitte September bewirtschaftet, Berggasthaus im Winter, im Sommer Nächtigungsmöglichkeit für Selbstbersorger, Camping auf Anfrage, Tel. 07449/314. Wandermöglichkeiten siehe Niglalm.

WÄLLERHÜTTE, 550 m: Forsthütte (nicht zugänglich) am Haselbach, knapp östl. der Haselschlucht-Mündung bzw. der Einmündung des Jörglgrabens, Ausgangspunkt für Wanderungen zur ehem. Annerlalm („Schluchtblick"), Großen Schlucht, Hochschlacht, Ebenforstalm, Größtenberg und nach Süden. Von der Straßenteilung nahe dem Eingang zur Großen Schlucht (22 km von Reichraming, mit dem Rad 2 Std., von Weißwasser zu Fuß, bez. Straße, 1 Std.) in 20 Min. erreichbar, mit dem Rad in wenigen Minuten.

WASSERKLOTZ, 1505 m: Dritthöchste Erhebung im Hintergebirge, herrlich naturbelassener Waldbestand (Buchen und Latschen!), vom kleinen Gipfelkreuz herrliche Aussicht. Bei Pulverschnee auch ein schöner Schiberg. Kurz unter dem Gipfel (Süden) gähnt ein eigenartiges Felstor, durch das man in den Saigerin-Talschuß hinabsieht. Nach Norden öffnet sich ein einsames, tw. schluchtartiges Tal (Windwurf).

Ein unbez. Steig leitet in einer knappen Stunden vom Ahornsattel auf den Gipfel. Unbez. und weglose Zustiegsmöglichkeiten ergeben sich auch über den Verbindungskamm zum Astein (1 Std.) und von den Sieben Brünn über den Nordgrat (Trittsicherheit nötig! 1 $^1/_2$ Std.).

WEINGARTALM, 1154 m: Ehem. Alm, heute Forsthütte (nicht zugänglich). Knapp südwestl. der Weingartalm liegt das hübsche Raffelboden-Jagdhaus. Erreichbar vom Parkplatz Steyrsteg auf der Straße (im unteren Teil ist – rechts – noch ein Stück des alten Almweges begehbar, $^3/_4$ Std.) oder – schöner – vom Edelbacherreut über die Groiß'nalm (bez. Steig, 1 $^1/_2$ Std, leider im letzten Drittel durch einen Holzschlag stark verwachsen!). Ein unbez. Steig führt auch vom Mayrreut über die Krumme Steyrling zum Raffelboden, 1 $^1/_2$ Std.

WEISSENBACH: Großer und Kleiner Weißenbach im nordwestlichen Hintergebirge, entwässern das Gebiet zwischen Schneeberg und Ebenforst und münden knapp 5 km südlich von Reichraming ins Hauptal. In den Hangflanken verbergen sich tw. noch urige Waldbestände. Der schönste Weg führt von Reichraming über Dirnbach, das Almgut und den Schiffmannsattel ins kleine Weißenbachtal, von wo ein Übergang in die Mollner Breitenau möglich ist (unbez., großteils Straßen, 2 Std. in den

Weißenbachgraben, 4 - 5 Std. in die Breitenau).

WEISSENSTEINERALM, 1180 m: Schöne Alm knapp neben der Dörflmoaralm, südlich des Langfirst-Kammes gelegen.

WIESER, 1445 m: Südlicher Nachbargipfel des Almkogels im Dürrensteigkamm, hat seinen Namen von der freien Gipfelkuppe erhalten, gute Aussicht. Im Sommer wenig besucht, aber einer der schönsten Schiberge des Gebietes; Aufstieg und Abfahrt von bzw. nach Kleinreifling (Klaus) über die Saileralm, ca. 3 – 3 1/2 Std.

ZEITSCHENBERG, 1433 m: Isoliert aufragender Waldberg zwischen Hengstpass, Wasserklotz und Langfirst, kaum besucht, aber durchaus lohnend. Aufstiegsmöglichkeiten (unbez. und tw. weglos) von der Kreuzau-Wiese (auf dem Weg Hengstpaß – Dörflmoaralm) oder von der südl. um den Berg herumführenden Forststraße, jeweils ca. 2 Std. vom Hengstpass.

ZICKERREITH, 960 m: Almwirtschaft am Hengstpass, Mai bis Ende September bewirtschaftet, hofeigene Produkte, aber keine Nächtigungsmöglichkeit, Tel. 07562/8216.

DIE KLEINE HINTERGEBIRGS-RUNDE: Leichte Wanderung, besonders empfehlenswert für schöne Sommertage, wenn man bei der Großen Klause baden kann. Von Brunnbach zum Kreuzweg, dort aber rechts haltend auf gutem Steig zur Klaushütte und zur Großen Klause (1 1/2 Std., bez.). Nun auf der Forststraße taleinwärts; entweder (unbez. Steig) über die Keixen-Hütte oder (bez., aber etwas länger) vom Annerlsteg auf einem Steig über den Stieglboden zur Großortbauernalm. Von dort entweder über den Kreuzweg zurück oder rechts auf der Forststraße durch den Reixengraben nach Brunnbach und zurück 2 - 3 Std.

Variante: Vom Parkplatz am Ende der Brunnbacher Straße (2 km südl. von Brunnbach) unbez. durch den Schafgraben (gut ausgetretener Steig) zum Kreuzweg, 40 Minuten. Zum Rauchgrabner führt auch ein unbez. Weg von der Abzweigung des Güterweges (gleich nach der Pleißabach-

Brücke) im Bogen über einen verlassenen Hof (alte Kapelle), 3/4 Std. bis zum Kreuzweg.

DIE GROSSE HINTERGEBIRGS-RUNDE: Vielleicht die schönste ein- oder zweitägige Wanderung im Hintergebirge, viel begangen, bez.

Brunnbach – Kreuzweg – Großortbauernalm – Anlaufalm, 2 1/2 Std. Hochschlacht – Schlucht-Klettersteig (oder über die Wällerhütte und den „Schluchtblick" – Annerlsteg 2 Std. Rechts auf einem Steig zum Stieglboden – Großortbauernalm – Brunnbach 2 Std., Trittsicherheit und Schwindelfreiheit nötig!

Variante: Wer den ausgesetzten und tw. gesicherten Hochschlacht-Steig nicht gehen möchte, kann von der Anlaufalm auch direkt zum Stieglboden wandern und eventuell von dort zum Annerlsteg und in die Große Schlucht absteigen. Eine weitere Möglichkeit besteht über den Hirschkogelsattel – Weißwasser – Schlucht-Eingang, bez., 2 Std.

RADTOUR NACH BRUNNBACH: Von Reichraming auf der vorerst asphaltierten Straße nach Süden zum Anzenbachschranken (Badeplätze!) und weiter durch das Haupttal zur Pleißabachmündung (Maieralm). Dort links (geradeaus) ins Pleißabachtal und nach Brunnbach (1 – 1 1/2 Std., beschildert). Wer 1/2 Std. schieben nicht scheut, kann über die Gschwendthöhe nach Großraming zurückkehren.

RADTOUR IN DIE GROSSE SCHLUCHT: Wie oben zur Maieralm, dort Beschilderung beachten und rechts über den Pleißabach ins Haupttal zurück. Durch dieses – vorbei an der Großen Klause (1 – 1 1/2 Std.) – zum Annerlsteg und durch die drei ehem. Waldbahntunnels zur Wildfütterung nahe dem Schluchteingang (zwischen den Tunnels schöne Einblicke in die Schlucht). Insgesamt 2 – 2 1/2 Std.

RADTOUR NACH WEISSWASSER BZW. ÜBER UNTERLAUSSA NACH ALTENMARKT: Schönste Hintergebirgs-Durchquerung per Rad! Wie oben in die Große Schlucht. Nach dem dritten Tunnel links über den Haselbach und durch einen weiteren Tunnel ins Tal des Schwarzen Baches (links der Schleierfall). Nach einer längeren Engstelle (drei Tunnels) weitet sich das Tal und wir kommen nach Weißwasser (keine Ortschaft mehr vorhanden!), insgesamt ca. 2 1/2 bis 3 1/2 Std. von Reichraming. Leicht ansteigend nach Osten, vorbei am verlassenen Forsthaus, zu einer Straßenteilung (links geht es zur Anlaufalm; bis hierher mit Auto von Unterlaussa befahrbare Straße über die Mooshöhe, 1/4 Std. von Weißwasser. Nun etwa 1/2 Std. zur Mooshöhe hinaufschieben und jenseits in schneller Fahrt nach Unterlaussa hinunter, 1/2 Std. Auf der Hengstpass – Bundesstraße (wenig Verkehr) durch das Laussatal zur Enns, über diese und rechtsufrig ein kurzes Stück taleinwärts zur Weißenbacher Brücke, über die der Bahnhof Weißenbach/St. Gallen erreicht wird, 1 Std.

Hinweis: Am Bahnhof Reichraming entlehnte Fahrräder können hier zurückgegeben werden!

MOUNTAINBIKETOUR BRUNNBACH: Vom Bahnhof Großraming gut 2 km auf dem Ennstal-Radweg Richtung Reichraming, durch den Rodelsbach- oder Spriedlgraben in den Lumplgraben und über die Gschwendthöhe nach Brunnbach. Links in den Brunnbachgraben („Weyrer Brunnbach") und durch die Abhänge des Höhenberges zur Kogleralm und wieder in den Brunnbach. Auf der anderen Talseite zur Ortbauernalm hinauf und zur Großen Klause hinunter (eine längere Variante zieht erst Richtung Hirschkogelsattel hinauf und dann unterhalb der Anlaufalm vorbei zur Ortbauernalm). Talauswärts bis zur Abzweigung der Forststrasse über den Wasserboden, über die es rechts ins Pleißabachtal und nach Brunnbach zurückgeht. Über die Gschwendthöhe retour nach Großraming. 41 km, ca. 3 – 5 Std.

MOUNTAINBIKETOUR ÜBER DEN HIRSCHKOGEL: Vom Bahnhof Reichraming auf dem Hintergebirgs-Radweg durch die Große Schlucht bis zur Abzweigung in Weißwasser. Links auf den Hirschkogelsattel (Abstecher zur Anlaufalm bitte nur per pedes), Abfahrt nach Brunnbach. Links neben dem Pleißabach (oder über die Brennhöhe, Anzenbach und die alte Anzenbachstrasse) zurück nach Reichraming. 46 km, 3 – 4 Std.

MOUNTAINBIKETOUR NACH MOLLN: Vom Bahnhof Reichraming auf dem Hintergebirgs-Radweg nach Dirnbach (Parkplkatz Nr. 5), dort rechts ins Weißenbachtal. Über den Gaishanslniedern (931 m) ins Hausbachtal hinüber. Ab hier kann man entweder in die Breitenau und nach Molln hinausradeln oder rechts zum Waldsattel „In den Mösern" (1030 m) hinaufkurbeln. Dort gibt es die Möglichkeit, über die Hohe Dirn (Schosserhütte) nach Losenstein, durch den Wendbach oder über Trattenbach nach Ternberg zu radeln. Rund um den Schneeberg 43 km, 3 – 5 Std.

MOUNTAINBIKETOUR ZUR SCHÜTTBAUERNALM: Vom Bahnhof Weißenbach/St. Gallen Richtung Unterlaussa, vor Sonndorf jedoch rechts zum Schüttbauern und zur Alm hinauf, 6 km.

Information

Nationalpark Infostelle Großraming (Musikschule),
A-4463 Großraming Nr. 22, Tel. 07254/414.

Nationalpark Infostelle Windischgarsten,
A-4580 Windischgarsten Nr. 56, Tel. 07562/6137.

Gemeindeamt A-4462 Reichraming, Tel. 07255/8135.

Verein Eisenstraße OÖ., Im Alten Pfarrhof,
A-4594 Steinbach/Steyr, Tel. 07257/8585.

Literatur

Wolfgang Heitzmann, Otto Harant: Oberösterreichische Voralpen – Ein ÖAV-Führer durch die Berge südlich von Wels, Linz und Steyr, Ennsthaler Verlag, Steyr.

Helmut Daucher, Gerald Rettenegger, Otto Schörkhuber: Hintergebirge – Stilles Leben im grünen Meer. Weisshaupt Verlag, Graz.

Helmut Daucher: Mountainbiken im Land der Hämmer. Ennsthaler Verlag, Steyr.

Gerald Rettenegger: Holzknecht – vom Leben der Hinterwäldler. Edition der Heimat, Grünbach.

Karten

Wanderkarten Maßstab 1 : 35.000 (Kartografie Hafner, Molln)

Bl. 6	Wanderkarte Sengsengebirge
Bl. 7	Wanderkarte Großraming/Weyer/Unterlaussa
Bl. 8	Wanderkarte Hinterstoder/Vorderstoder
Bl. 9	Wanderkarte Spital am Pyhrn/Windischgarstner Tal
Bl. 10	Wanderkarte Reichraminger Hintergebirge

Maßstab 1 : 50.000 (Kartografie Hafner, Molln)
Biken à la carte Nr. 1 Nationalpark Region Pyhrn-Eisenwurzen
Biken à la carte Nr. 2 Voralpen Region Pyhrn-Eisenwurzen

Österreichische Karte 1 : 50.000
(Bundesamt für Eich- und Vermessungswesen)

Blatt	68	Kirchdorf/Krems	Sengsengebirge
Blatt	69	Großraming	Nördl. Hintergebirge
Blatt	99	Rottenmann	Südl. Hintergebirge
Blatt	100	Hieflau	Laussatal
Blatt	70	Waidhofen/Ybbs	Almkogelgebiet

Freytag & Berndt Wanderkarte Nr. 051, 081, Maßstab 1:50.000

Quellen

ÖAV Sektion Steyr: Wanderführer Unteres Enns- und Steyrtal. Eigenverlag Steyr, 1974
Dunzendorfer und ARGE: Naturkundliche Wanderziele in OÖ, OLV Linz 1980
Haberleitner, Odilo und Brandauer, Hermann: St. Gallen und das Sankt Gallener Tal, St. Gallen 1977
Heitzmann Wolfgang und Harant Otto: Oberösterreichische Voralpen. Ein OeAV-Führer durch die Berge südlich von Wels, Linz und Steyr, Ennsthaler, Steyr 1986
Hohn Manfred: Waldbahnen in Österreich, Verlag Slezak, Wien 1980
Janisch Peter: Gehst mir ans Leben „Schütz"? Verlag Janisch, Bad Ischl
Koller E. J.: Forstgeschichte Oberösterreichs, OLV Linz, 1964
Lorenz Konrad: Die acht Todsünden der zivilisierten Menschheit, Piper, München 1982
Mayer Gerald: Natur für alle, Eigenverlag der OÖ. Landesregierung, Linz
Ofner Josef: Großraming, Eigenverlag der Gemeinde Großraming
Rettenegger Gerald: Holzknecht, Edition Geschichte der Heimat
Rolleder Anton: Heimatkunde von Steyr, Ennsthaler Verlag
Theatergruppe Kirchdorf: Theaterzettel zum Stück „Waidmannsheil oder Meuchelmord in Molln"

Land der Hämmer

Bilder aus der österreichischen Eisenwurzen
Pictures from Austrias Eisenwurzen

Herausgegeben von Helmut Daucher in Zusammenarbeit mit dem Verein Eisenstraße OÖ.

ISBN 3-85068-537-3
Format 23,5 x 28 cm, geb.
156 Seiten, 135 Farbbilder

Bestechende Bilder aus einer der schönsten Gegenden Europas. Redaktionelle Beiträge von Dozent DDr. Gerhard Sperl, Univ.-Prof. Dr. Rudolf Kropf, Mag. Franz Sieghartsleitner, Hans Stögmüller, Univ.-Assistent Dr. Andreas Resch, Mag. Reinhold Kräter. Ein repräsentativer Bild- und Geschenksband in zweisprachiger Ausführung, in deutscher und englischer Sprache.

Heimat Eisenwurzen

Beiträge zum Eisenstraßensymposion Weyer

ISBN 3-85068-516-0
Format 16,5 x 24,5 cm, geb.,
196 Seiten, 30 s/w Bilder

„Die Bibel zur OÖ. Landesausstellung 1998“ (Landeshauptmann Dr. Pühringer).
Klare Wasser, ausgedehnte Wälder und das kostbare Erz sind seit Jahrhunderten die Schätze dieses einzigartigen Landstriches. Findige Bewohner verstanden es stets, diesen Naturraum zu nutzen und einen eng verflochtenen Wirtschafts- und Kulturraum zu formen.

Dieses Buch erzählt von der Gewinnung des Eisens in der Eisenwurzen, von der Vielfalt des Handwerks und vom Leben in der Heimat einst und jetzt.

Helmut Daucher

Mountainbiken im Land der Hämmer

35 ausgewählte Rad- und Mountainbike-Touren in der Nationalparkregion Pyhrn-Eisenwurzen

ISBN 3-85068-525-X
Format 13 x 20 cm, br.,
152 Seiten, 41 Farbfotos, Kartenteil

300 km Radwege und 200 km Mountainbikewege hat die Nationalpark-Region der Pyhrn-Eisenwurzen zu bieten. 35 interessante Radtouren für jeden Geschmack, Wegbeschreibungen, Höhendiagramme, Einkehr- und Übernachtungsmöglichkeiten, sowie Fahrradservicestellen finden Sie in diesem Radführer. Ein eigener Kartenteil verschafft dem Leser einen genauen Überblick über die Region.

Franz Sieghartsleitner

Wandern rund um den Nationalpark Kalkalpen

45 Familienwanderungen

ISBN 3-85068-535-7
Format 14 x 20 cm, br.,
ca. 220 Seiten, zahlreiche Farbfotos, Kartenteil

Die mächtigen Kalkberge des Toten Gebirges, die schroffen Gipfel der Haller Mauern, das langgezogene Sensengebirge, Die Tallandschaften der Enns und der Steyr bilden zusammen mit den bewaldeten Hügeln zum Mostviertel hin eine einzigartige Naturlandschaft: die Phyrn-Eisenwurzen. Der Autor hat 45 Wanderungen beschrieben, die sich – ergänzt durch Anmerkungen zu Gehtaktiken und Ruhepausen – auch zum Wandern mit Kindern bestens eignen. Die Touren führen u.a.: „Übers Spitzmäusel auf den Tamberg (1513m)“, „Auf den Millionenweg“, „Auf den Spuren des Höhlenbären“ oder „Vom Tal der Quellen, Hämmer und Mühlen zu Gleinkersee und Seespitz“.

Ennsthaler Verlag, Steyr

Wolfgang Heitzmann, Otto Harant

Oberösterreichische Voralpen

Ein OeAV Führer durch die Berge südlich von Wels, Linz und Steyr

ISBN 3-85068-201-3
Format 11 x 16 cm, br., 316 Seiten,
18 farbige und 63 s/w Abbildungen

Mehr als 650 Möglichkeiten für Wandervögel, Kunstfreunde, Bergsteiger, Höhlenforscher, Talbummler, Wildwasser-Kanuten und Naturliebhaber sind in diesem neuen OeAV-Führer enthalten. Diese Fundgrube, die erste umfassede Dokumentation der Hausberge von Wels, Linz und Steyr vermittelt dem Leser viele frohe und erholsame Stunden in den Oö Voralpen.

Gerhard Sperl, Hans Stögmüller, Werner Tippelt

Österreichische Eisenstraße

Ein Kulturführer in Farbe

ISBN 3-85068-351-6, Format 11,5 x 19,5 cm, br.,
192 Seiten, 144 Farbfotos

Dieser farbige Reisebegleiter präsentiert alle Schätze der europäischen Kulturregion Eisenwurzen, dem Land zwischen Donau und Mur, Krems und Erlauf: die montanhistorischen Denkmäler an der österreichischen Eisenstraße, Kirchen, Burgen und Schlösser, alle Museen sowie die schönsten landschaftlichen Sehenswürdigkeiten.

Angela Mohr

Die Geschichte der Mollner Maultrommelerzeugung

ISBN 3-85068-534-9, Format 16,5 x 24 cm, geb.,
126 Seiten, zahlreiche Farb- und s/w-Fotos

Die Geschichte der Mollner Maultrommelerzeugung, eine der bedeutendsten Erzeugungsstätten des kleinen Instrumentes in Europa. Das alte Handwerk des Maultrommelmachens wird in Molln vom Beginn des 17. Jahrhunderts bis zum heutigen Tag ausgeübt.

Ennsthaler Verlag, Steyr